ACUARELA

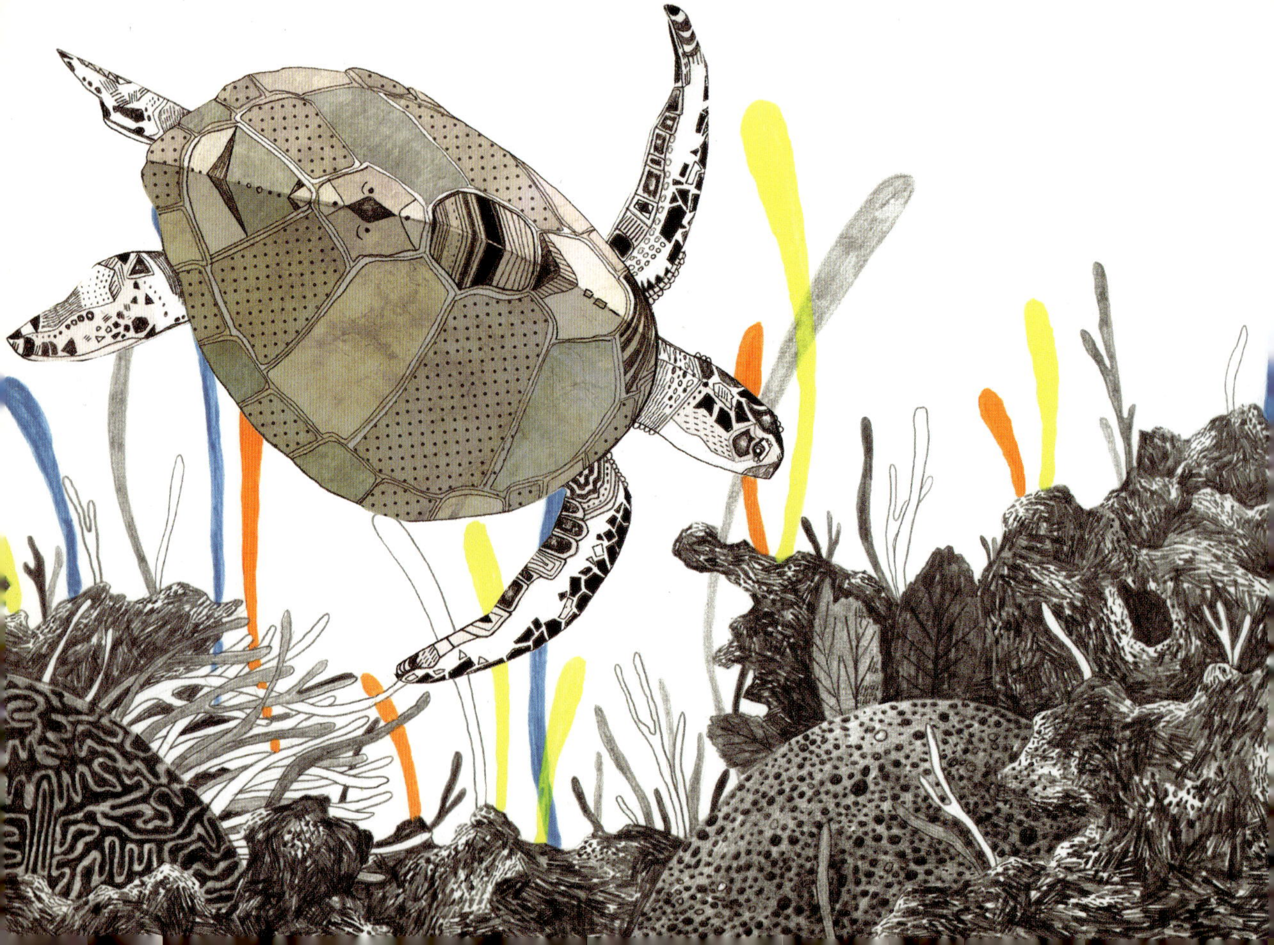

ACUARELA

INSPIRACIÓN Y TÉCNICAS DE ARTISTAS CONTEMPORÁNEOS

HELEN BIRCH

GG®

Índice

Imágenes de cubierta (en el sentido de las agujas del reloj): Luka Va, David Hornung, Peggy Wolf, Becca Stadtlander, Kotryna Zukauskaite, Vikki Chu, Simona Dimitri, Natasha Newton
Imágenes de contracubierta (de izquierda a derecha): Joanna Goss, Elissa Nesheim, Ana Montiel, Ekaterina Koroleva

Cómo navegar por este libro

De la página 6 a la 9 encontrarás un índice visual que te ayudará a consultar este libro. Empléalo para buscar con facilidad y rapidez cualquier pintura a la acuarela. Si pretendes encontrar una imagen que ya has visto en las páginas de este libro, o buscas un estilo, color o fondo concretos, este índice te servirá para llegar directamente a la página en la que aparece. En cada miniatura del dibujo aparece el número de la página correspondiente. Pero ten en cuenta que cuando una entrada incluye más de una imagen, solo una de ellas aparece en el índice visual.

Se ha acreditado a todos los artistas junto a sus obras, cuyo título aparece además en el texto que las acompaña. Al final del libro encontrarás también una lista alfabética de todos los artistas que han contribuido y, donde corresponde, un enlace a su blog o a su web para que puedas consultar su trabajo.

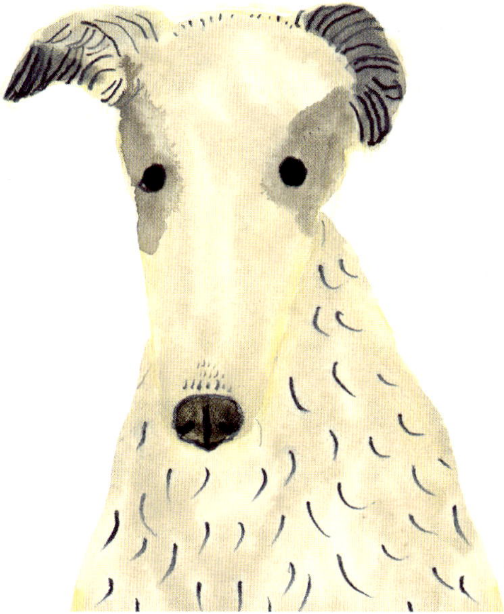

Borzoi de Itsuko Suzuki

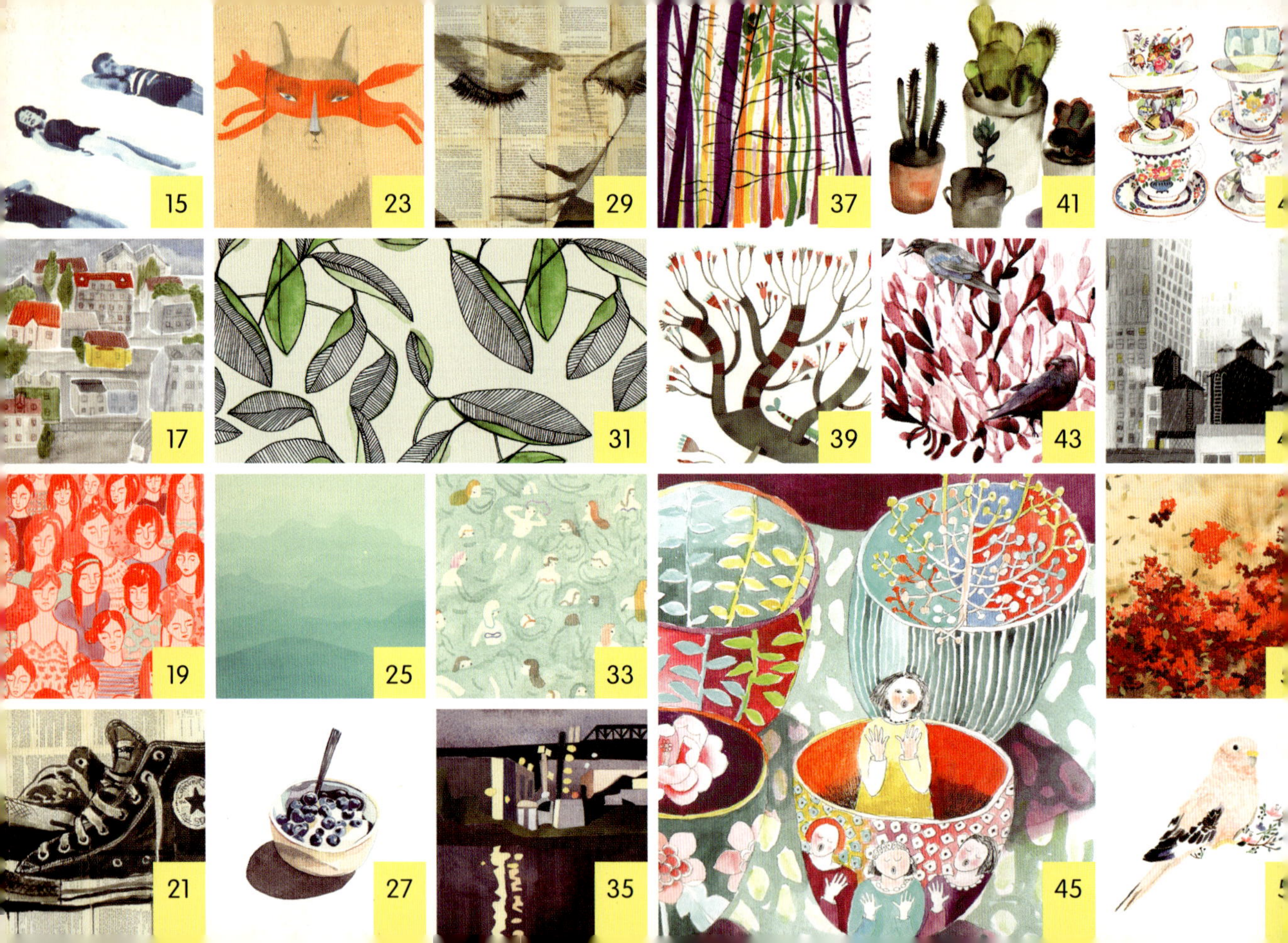
15
23
29
37
41
17
31
39
43
19
25
33
45
21
27
35

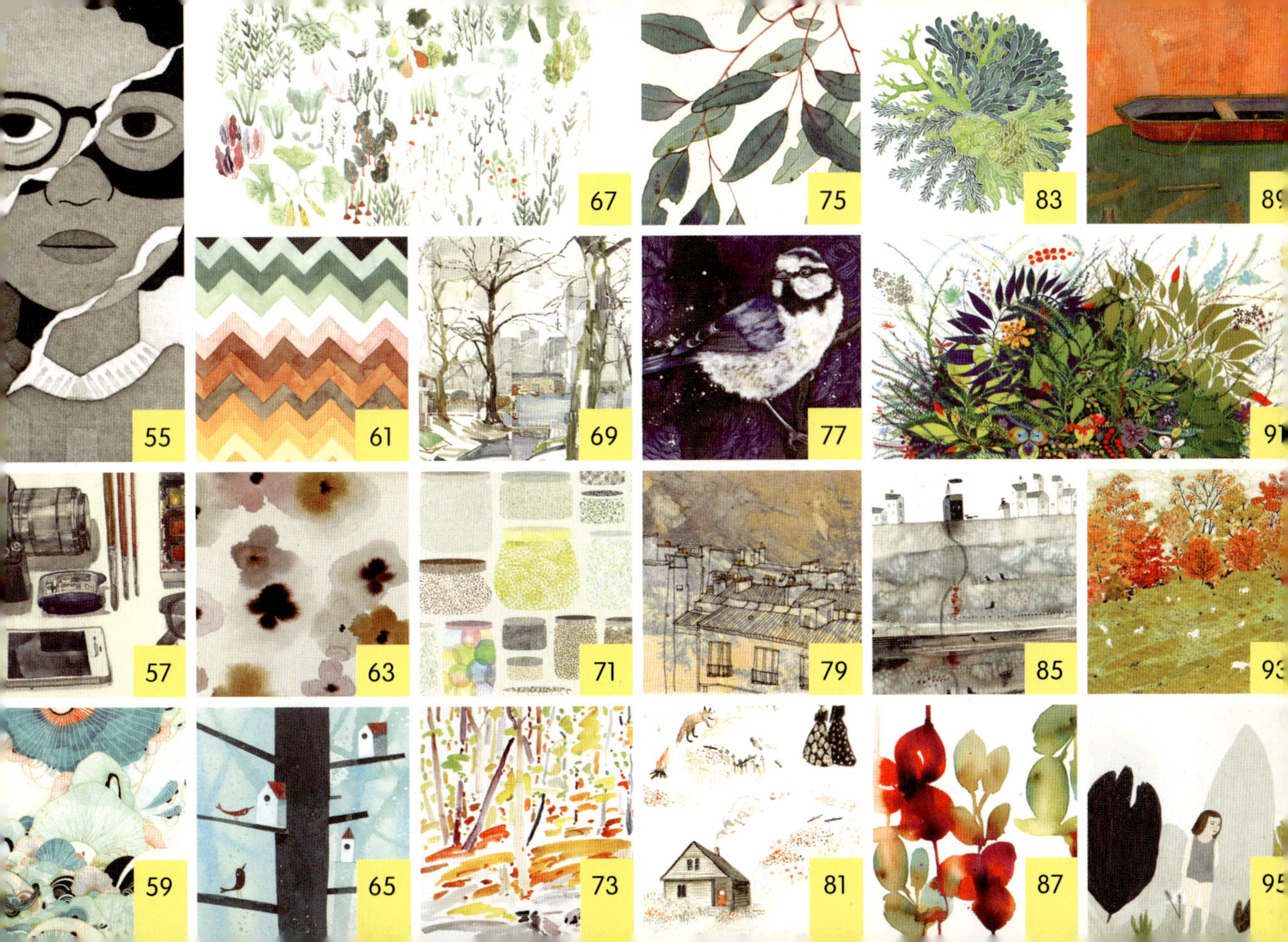
55
67
75
83
89
61
69
77
91
57
63
71
79
85
93
59
65
73
81
87
95

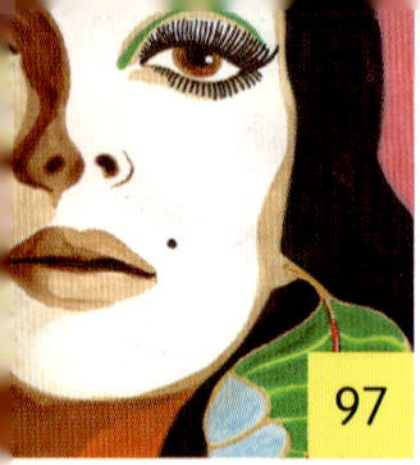
97
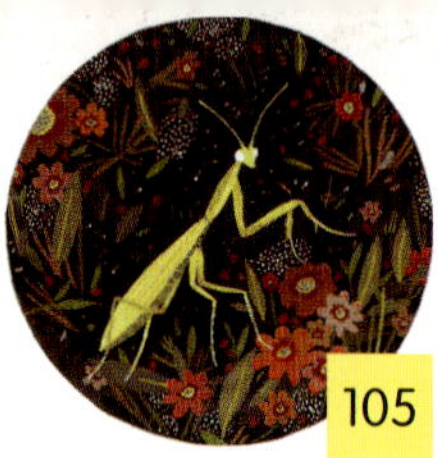
105
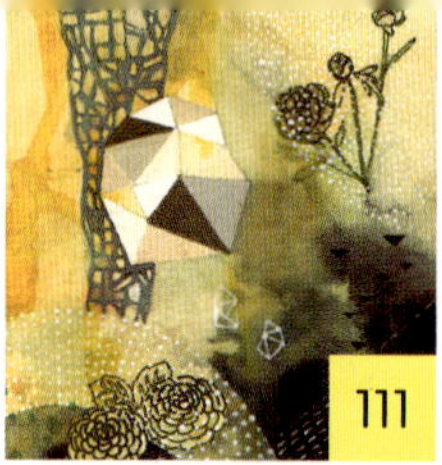
111
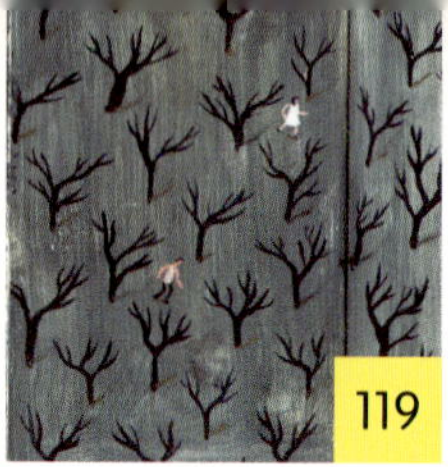
119
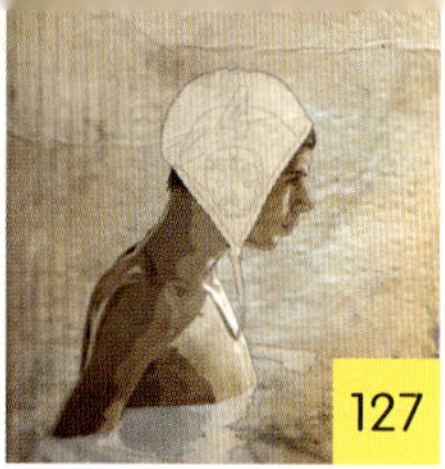
127
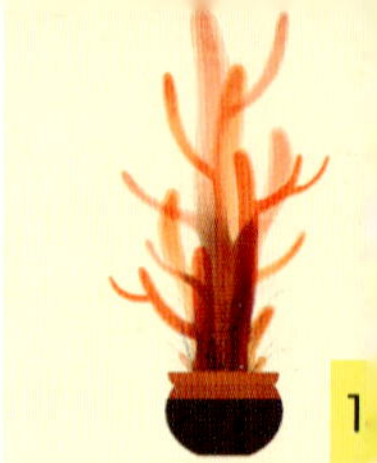
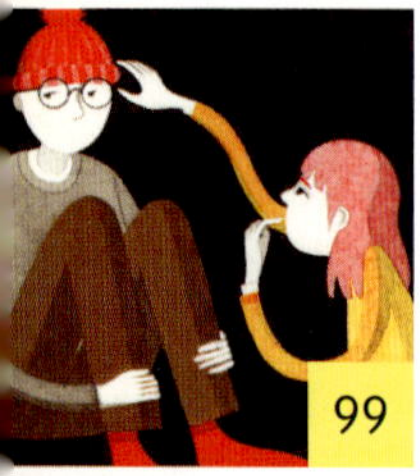
99
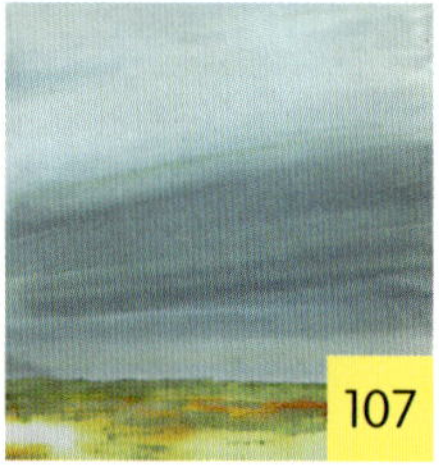
107
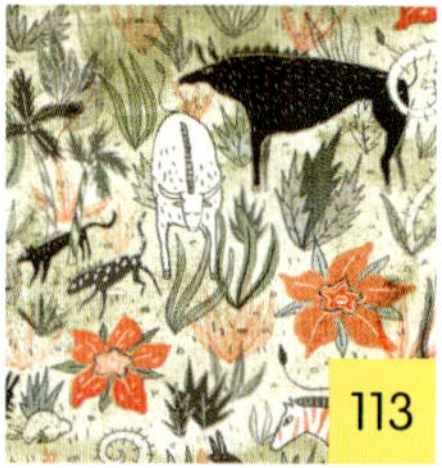
113
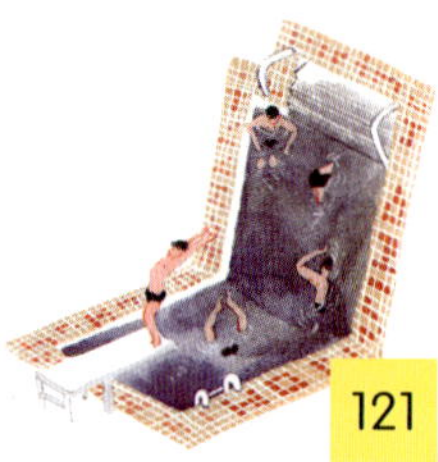
121
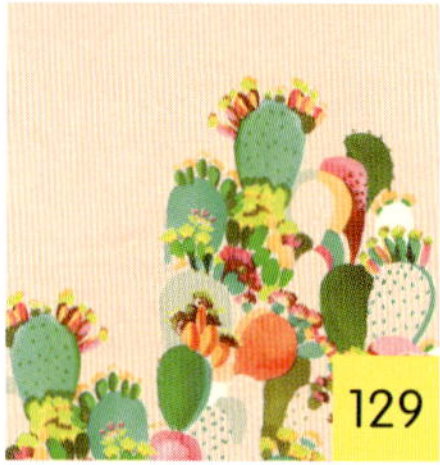
129
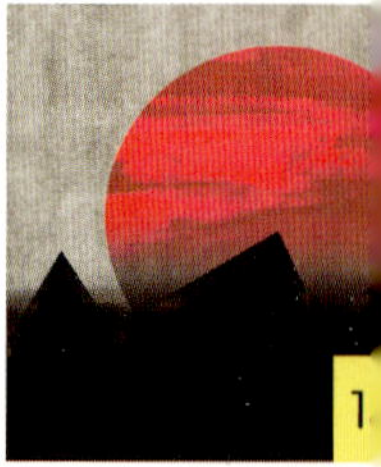
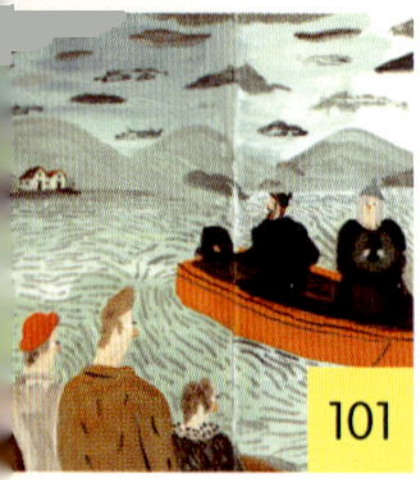
101
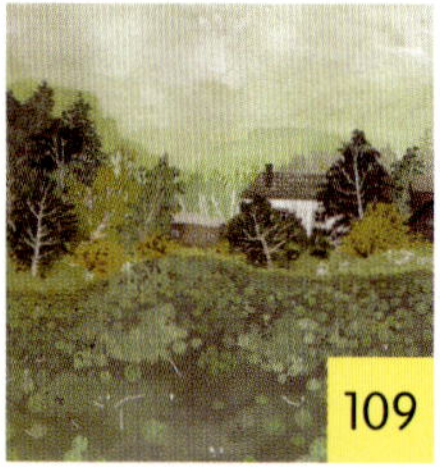
109
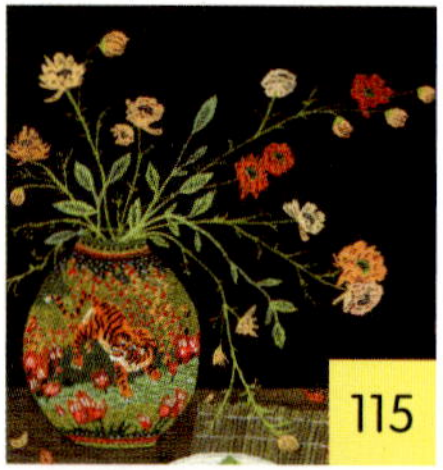
115
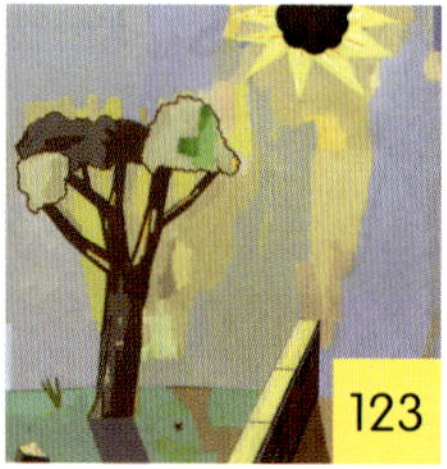
123
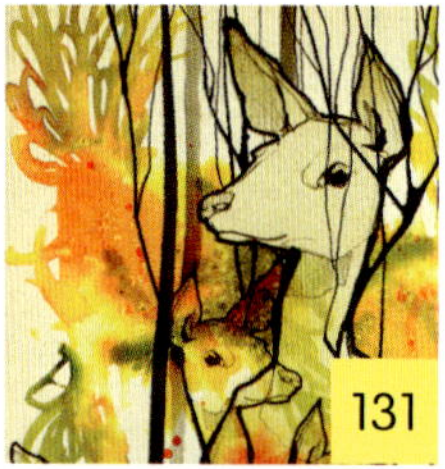
131
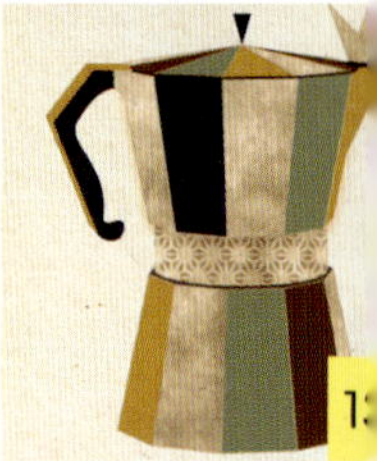
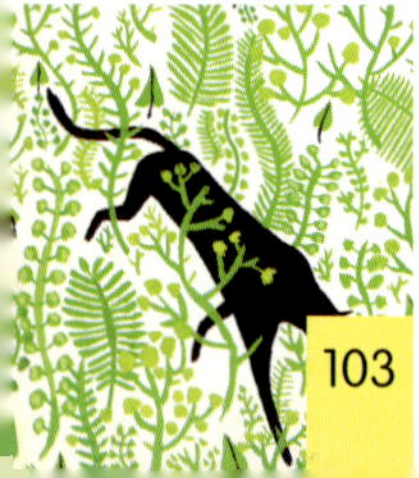
103
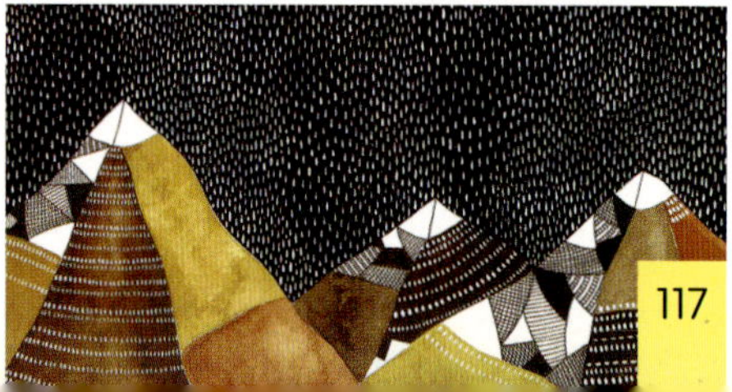
117

125
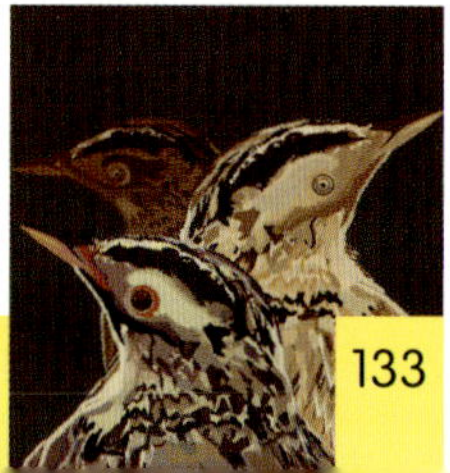
133
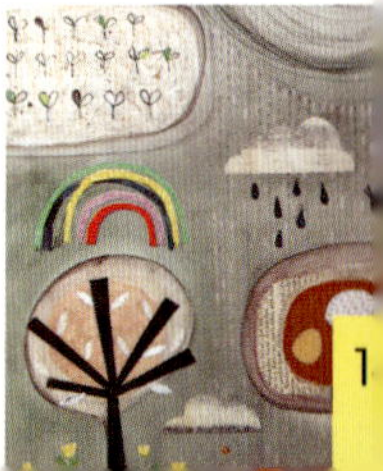

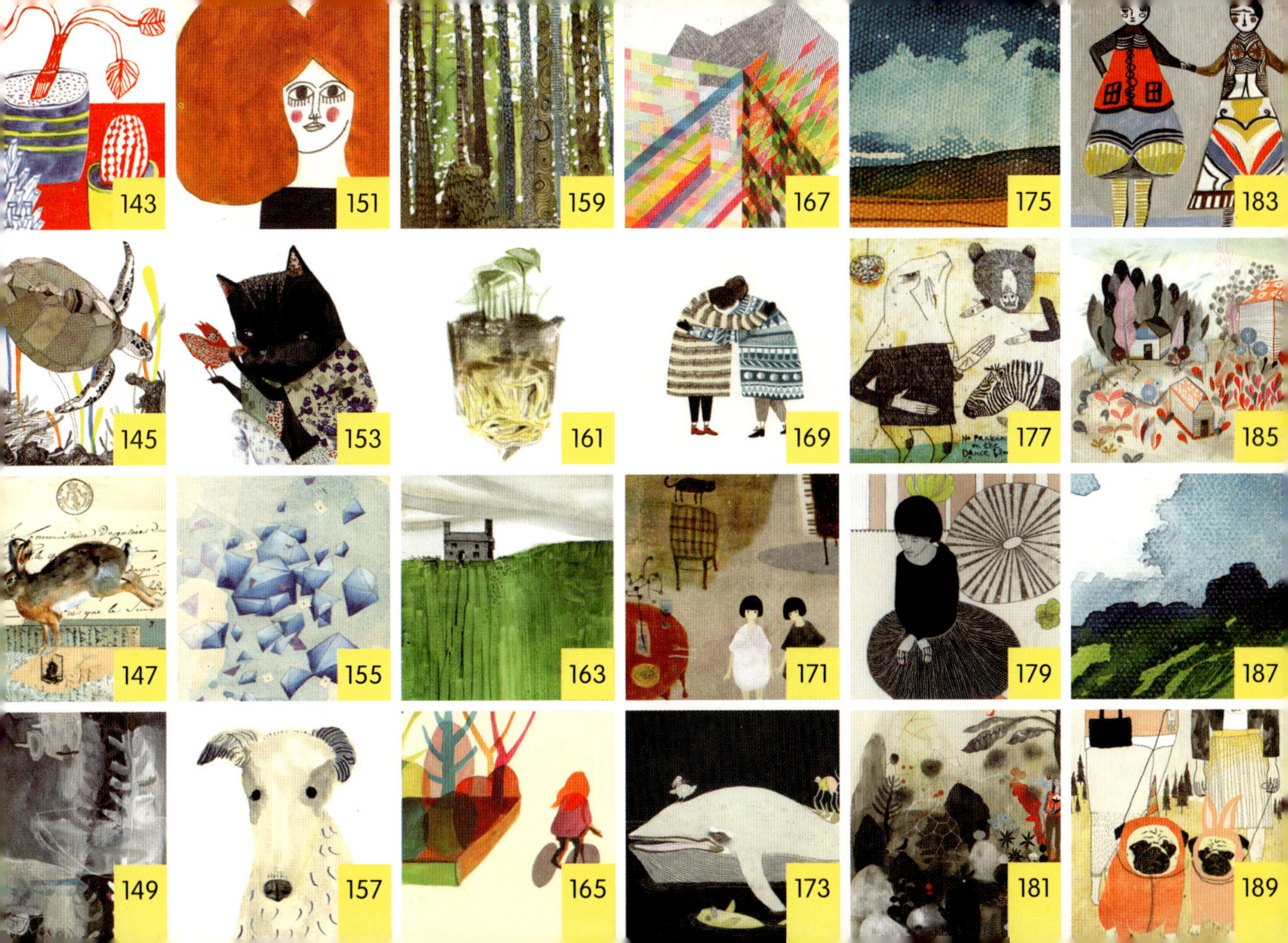
143
151
159
167
175
183
145
153
161
169
177
185
147
155
163
171
179
187
149
157
165
173
181
189

¿Qué es la acuarela?

Agua + acuarela + papel + pincel = pintura a la acuarela

Esta simple fórmula nos indica lo que vamos a necesitar para empezar a pintar con acuarelas y nos da una idea de lo sencillo que puede llegar a ser. Son muchas las normas establecidas sobre cómo abordar la acuarela de manera "tradicional" y estas se consideran la base para hacerlo bien. Aunque resulta útil prestar atención a algunas de estas reglas, tampoco conviene que nos creen dudas.

La acuarela nos es familiar. Si alguna vez has pintado sobre papel, seguramente lo habrás hecho con alguna pintura al agua. El pincel, cargado de agua y pigmento, transfiere con facilidad el color a la superficie del papel. Es una técnica que invita a jugar y a experimentar. La fluidez, el goteo, los corrimientos de pintura y las manchas de color con forma de flor son muy característicos de las acuarelas.

El objetivo de este libro es exhibir un surtido de obras de diversos estilos y niveles de complejidad en las que se han usado acuarelas, gouache y pinturas acrílicas, así como tintas. Algunos de los trabajos aquí expuestos son de ejecución casi inmediata, mientras que otros se elaboraron durante un periodo mucho más prolongado. La elección de pinceles, papeles y pigmentos es un factor decisivo a la hora de producir pinturas e ilustraciones. A cada obra la acompaña una breve explicación de la técnica y el método empleados por el artista, para que puedas tú también probar algunas de esas ideas.

El trabajo con acuarelas es una técnica que puede ser tan intensiva como tú quieras. Puede ser inmediata y portátil, o puede consistir en elaborar obras tradicionales o contemporáneas que sean delicadas o toscas, muy coloridas o de tonos sutiles. Si estás empezando, tómatelo con calma y disfruta de cada fase del aprendizaje. Si eres ya un un acuarelista más experimentado, prueba cosas nuevas.

En esta página: *Spritz* de Yellena James
En la doble página siguiente: *Roots* de Junyi Wu

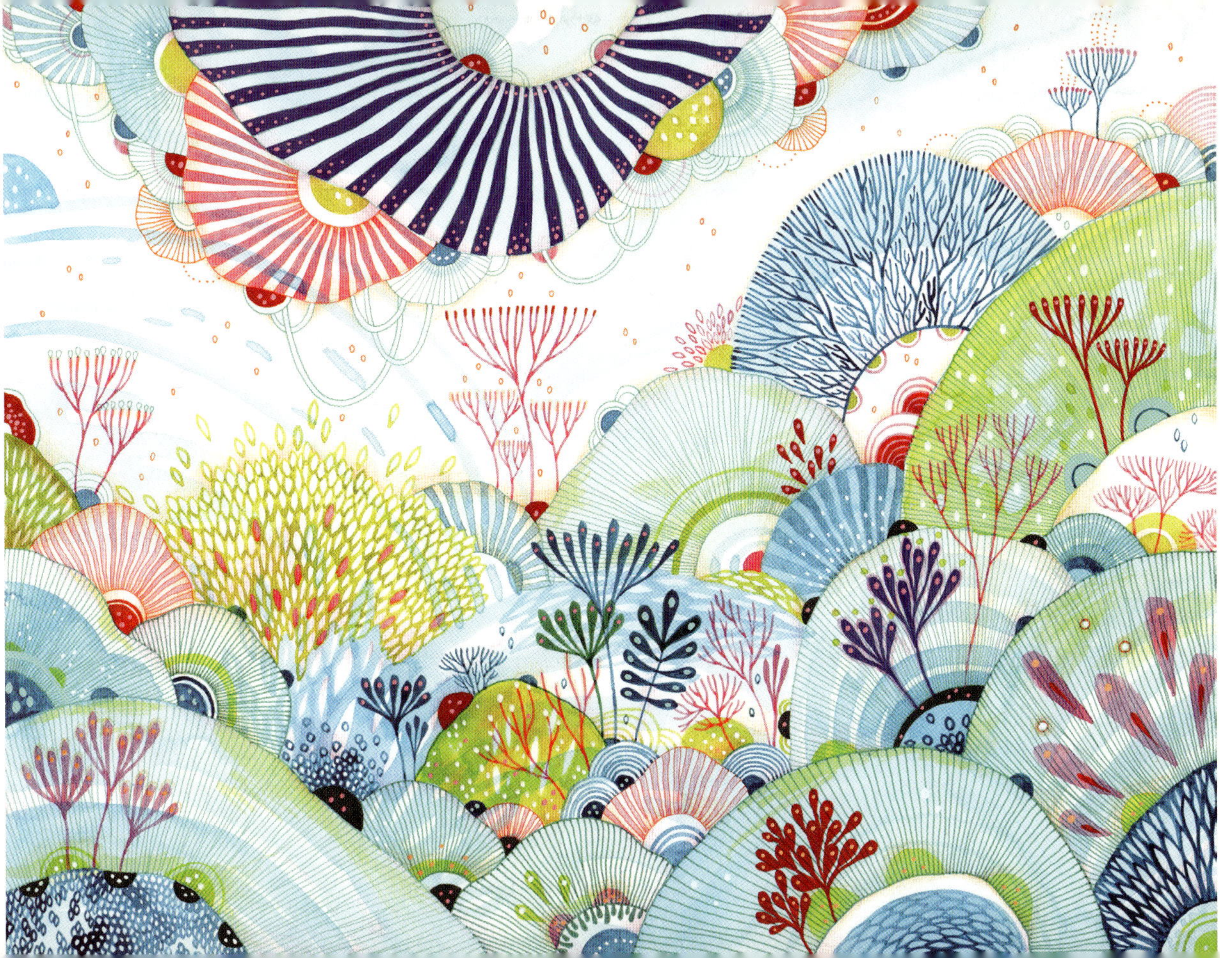

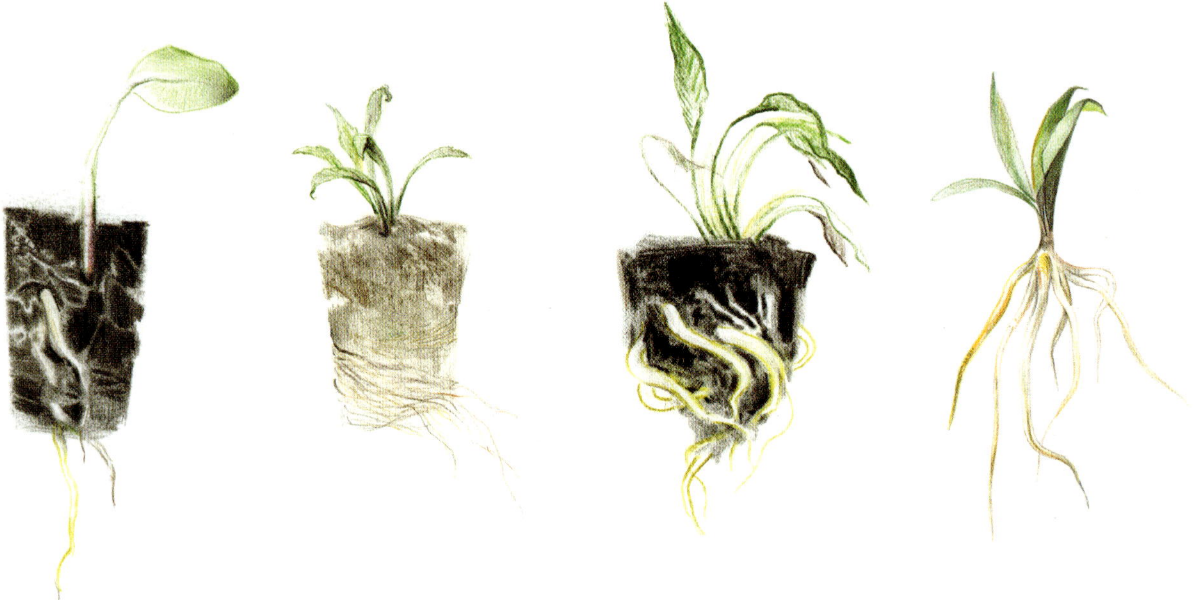

Las pinturas

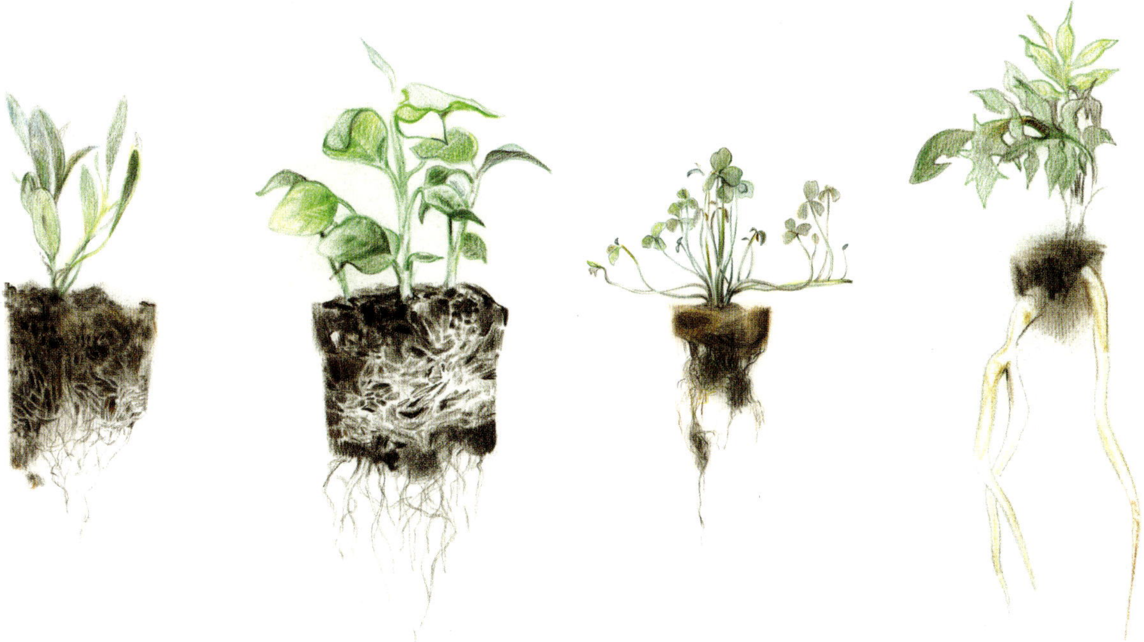

Trabajos monocromáticos

Eleonora Marton

Esta obra, *Three Bathers*, se elaboró con un solo color, el azul, y una sola técnica, húmedo sobre húmedo, un proceso que consiste en pintar capas de distintas tonalidades. Este proceso puede resultar laborioso, y la ausencia de guías o líneas a lápiz implica que la artista se entretuvo bastante rato en preparar y practicar los trazos antes de empezar a pintar la pieza. También empleó en determinados momentos la técnica de húmedo sobre seco, como puede verse en la bañista central: está menos difuminada que los demás, lo que sugiere que se dejó secar el papel antes de pintarla, y eso se aprecia en unos rasgos faciales más nítidos y definidos.

Para pintar en húmedo sobre húmedo es preferible usar un papel para acuarela de un gramaje mínimo de 300 g/m^2. El papel debe ser capaz de soportar la aplicación de agua sin abarquillarse, hincharse ni deformarse demasiado. En este caso se optó por un papel prensado en caliente, cuya superficie es más suave y lisa.

Truco En la paleta básica de colores para acuarela conviene tener un azul frío (es decir, que tenga algo de verde). En este caso, por ejemplo, se ha empleado un azul de Prusia, aunque existen otras opciones, como el azul ftalocianina, el azul cerúleo o el azul winsor.

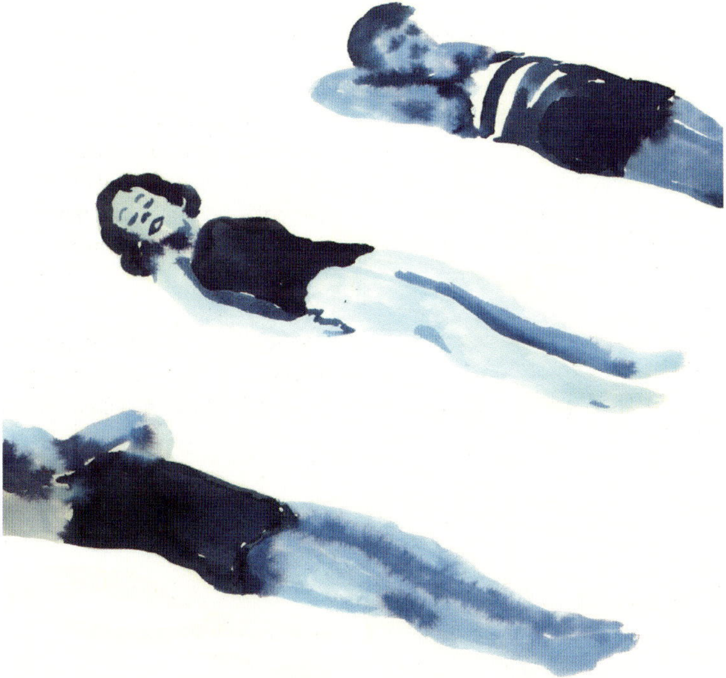

Día y noche

Kaye Blegvad

A primera vista, estos paisajes urbanos poseen un notable aire de boceto, de dibujo espontáneo, gracias sobre todo a la soltura de los trazos del pincel. No obstante, eso se contradice con los muchos procesos y pasos implicados en la elaboración de estas ilustraciones. Para el dibujo nocturno, *Reykjavik by Night* (izquierda), se aplicó un lavado de negro, que se dejó secar antes de pintar los bloques de viviendas en húmedo sobre seco para darles mayor definición. La pintura consiste básicamente en tres tonalidades de negro, con los toques de contraste acentuado que aporta el amarillo de las ventanas. La textura granulada del papel añade un aire de crudeza urbana y recuerda también al grano que se suele ver en las fotografías nocturnas.

En la otra pintura, *Reykjavik by Day*, donde se representa la misma escena pero de día, la artista nos ofrece una fascinante comparación con la escena nocturna. Se distinguen con mucha claridad los valores tonales de cada color y el grado de pérdida de definición que causa la luz diurna. Lo de yuxtaponer dos imágenes de este modo recuerda a los pasatiempos de "busca las diferencias". No podemos evitar comparar y cotejar ambas imágenes y encontrar tanto las similitudes como las diferencias.

Truco Se pueden aplicar lavados a un papel cuyo uso con este tipo de pintura húmeda no suela recomendarse. Pasar demasiadas veces el pincel sobre la superficie puede dar lugar a que se estropee el papel y a que se desprendan pedacitos de su superficie, señal de que el papel se está rompiendo. Aunque también puede crear texturas interesantes.

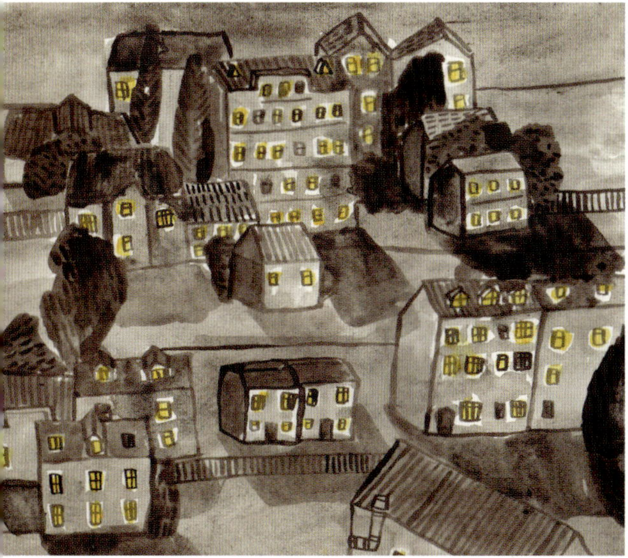

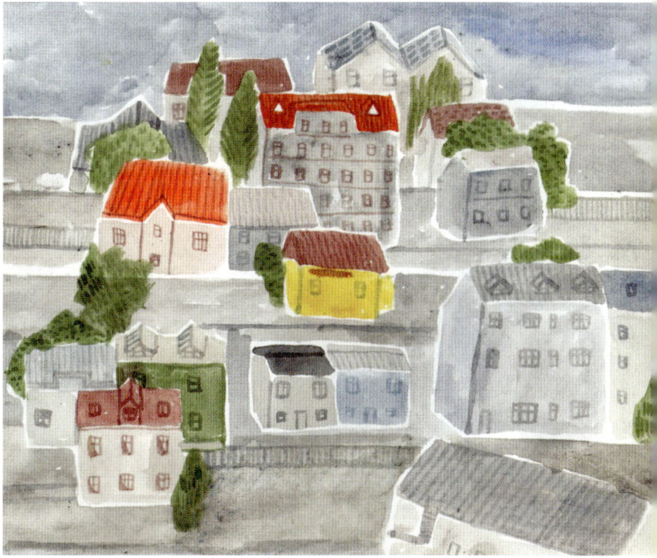

Colores audaces e inusuales

Leah Goren

La escena multitudinaria de esta ilustración, *Girl Crowd,* destaca tanto por el uso de una paleta de color sorprendente y poco habitual, como por las figuras que la pueblan. No es corriente escoger un fondo rosa para una ilustración, pero lo que sí es bastante habitual es emplear como color dominante el rojo.

Al rojo se lo suele clasificar como un color que avanza, porque tiende a generar una sensación de proximidad. En este ejemplo, las mujeres de la multitud se exhiben en lo que más parece un muro bidimensional de personas, aunque vayan menguando a medida que se alejan en la distancia. Los márgenes recortados de la composición logran concentrar la imagen y nos incitan a examinarla más de cerca. Gran parte de la pieza se pintó en seco sobre seco, empleando un pincel de marta de gran calidad (y bastante caro).

Truco Conviene pensar bien cómo vamos a usar el rojo antes de empezar a trabajar en nuestra ilustración. Puede ser un elemento que añada impacto a tu imagen, pero también puede ser un color dominante en exceso.

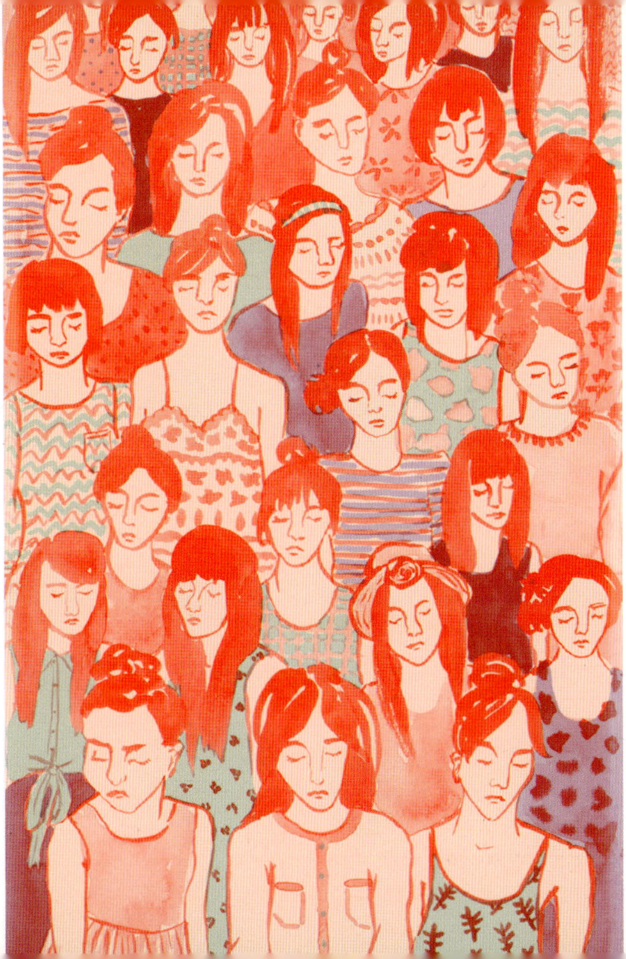

Inspiración cotidiana

Loui Jover

Cuando recopiles ideas para tu próximo proyecto de pintura, inspírate en las cosas que tienes a tu alrededor. Es fácil pasar por alto los objetos cotidianos, pero nos brindan un abanico casi ilimitado de posibilidades para pintar.

En esta ilustración, *All Stars*, se homenajea un objeto familiar: los zapatos del propio artista. El hecho de que estas zapatillas deportivas sean algo así como un clásico del diseño facilita que su representación sea un éxito. También se puede apreciar la manera experimental en la que se ha elaborado la imagen. Es poco habitual, además, ver unas zapatillas deportivas representadas a tan gran tamaño.

El artista ha dado con una superficie novedosa sobre la que pintar: veinte páginas arrancadas de libros viejos y encoladas entre sí. A través de la experimentación se ha percatado de que la capacidad de absorción de esos papeles viejos se adapta bien a la técnica del lavado con tinta. El color amarillento natural de las páginas aporta interés a la imagen final.

Truco Si pruebas algo parecido, utiliza cola al agua para pegar las páginas. Las colas plásticas, como los adhesivos vinílicos, son impermeables cuando se secan y repelerán totalmente la pintura.

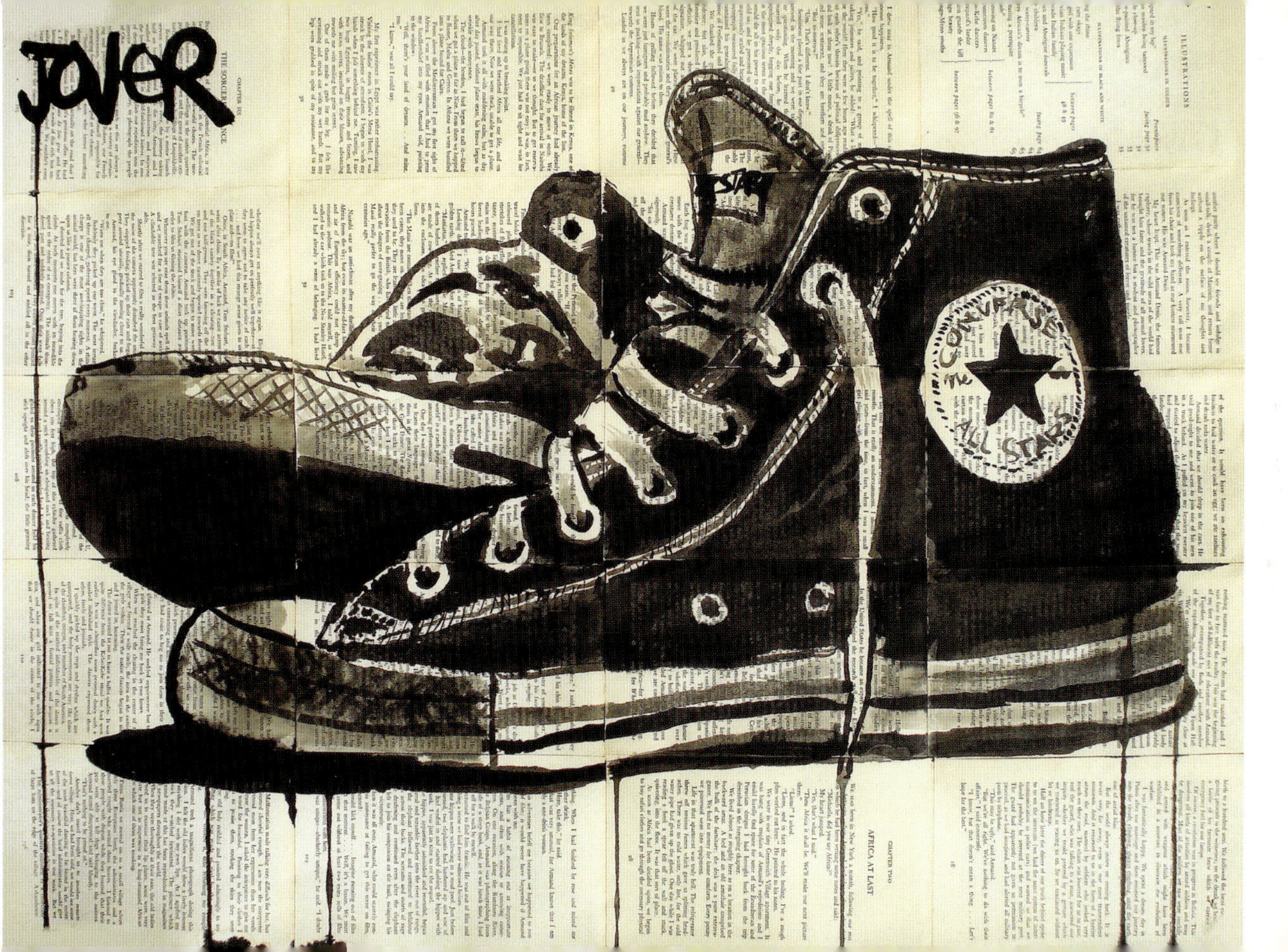

JOVER
CONVERSE
ALL STARS

Colores vivos

Luka Va

En esta pieza, *Their Ancestors Were Wolves*, un perro nos mira desde detrás de una máscara anaranjada. El blanco de los ojos del perro, que resaltan sobre el entorno más oscuro, contribuye a atraer nuestra atención.

Esta pintura es un buen ejemplo de aplicación de acuarela opaca. El lobo de color naranja —un color de los que se denominan "vivos"— conserva toda su tonalidad pese a estar pintado sobre el marrón del papel reciclado. En este tipo de papel no se podría lograr el mismo efecto con una acuarela transparente. Una característica de los colores opacos es que al secarse presentan una superficie mate, muy parecida a la de la pintura gouache. El lápiz, que es lo que se ha usado para dibujar al perro, funciona muy bien sobre esta superficie mate.

Cada acuarela tiene determinadas características, y para trabajar de manera eficaz con cada pigmento es importante conocerlas bien. Las irás descubriendo a medida que vayas experimentando con tus pinturas. En este caso, el artista les ha sacado partido para lograr un gran efecto.

Truco Usar blanco sobre un fondo de color puede ser muy eficaz. La calidad como de tiza que tienen el gouache blanco y los lápices blancos garantiza que destaquen sobre colores más oscuros. Eso los hace particularmente útiles para añadir luces y brillos a un trabajo.

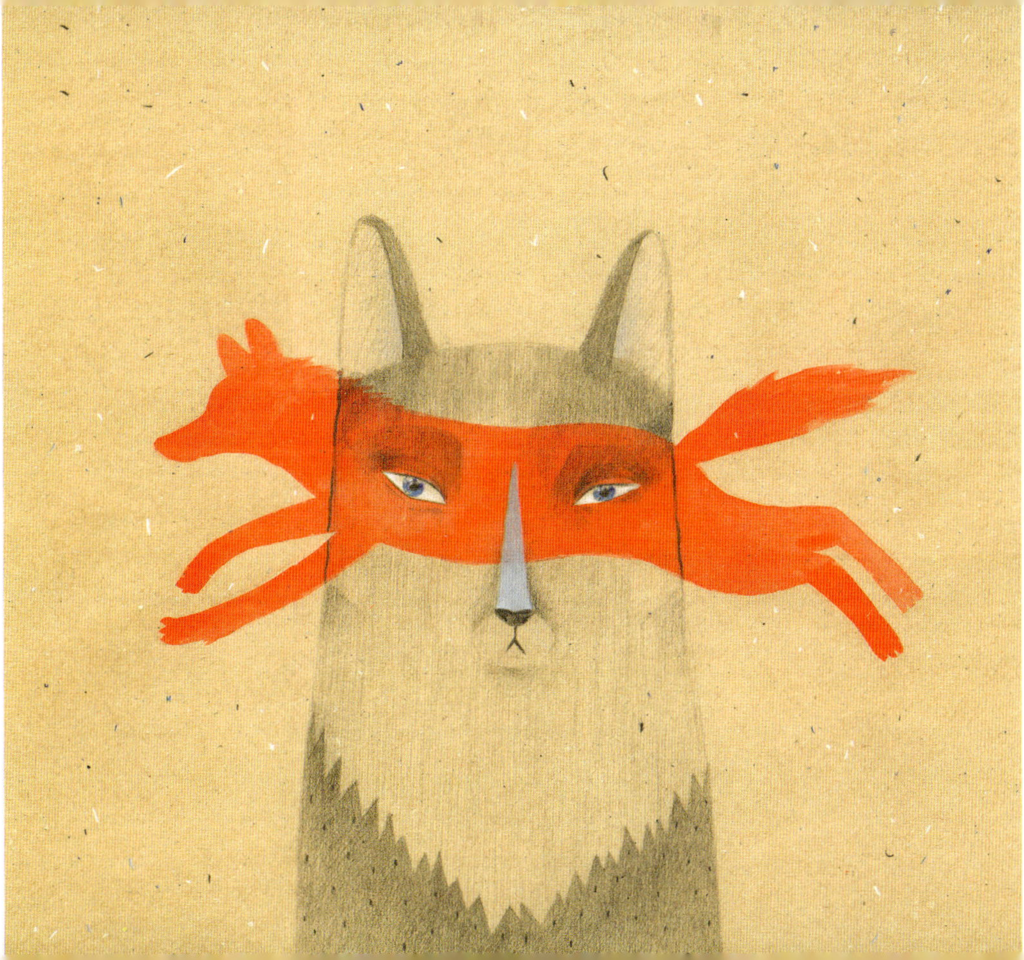

Paisaje neblinoso

Madara Lukjanoviča

Los paisajes montañosos suelen ser un motivo habitual de la pintura a la acuarela y le brindan al artista una buena oportunidad de pulir sus habilidades. En este ejemplo se suceden una serie de capas planas de lavados de colores para crear un ambiente estilizado y neblinoso.

En esta pintura, *Mountains*, se ha logrado profundidad y perspectiva aérea mediante una sutil progresión de tono a lo largo de las siete capas. Los tonos más oscuros se obtuvieron reduciendo la cantidad de agua que se añadía al pigmento. Se dejó secar del todo cada una de las capas antes de aplicar la siguiente, con lo que se redujo el riesgo de que la capa previa se emborronase y diese al traste con el efecto deseado. También es útil para esto usar pinceles blandos.

Si te propones abordar un proyecto de este tipo, te convendrá escoger un color que ya hayas usado antes y con cuyas características estés familiarizado. Si pretendes trabajar con una pintura que nunca has empleado previamente, pruébala antes en algún papel. Recuerda que las acuarelas siempre se aclaran algo al secarse.

Truco Comprueba si la pintura aplicada ya está seca para pintar encima, tocándola suavemente con el dorso de la mano. Si está fría al tacto, es que sigue húmeda. Puedes emplear un secador de pelo a baja potencia para reducir el tiempo de secado.

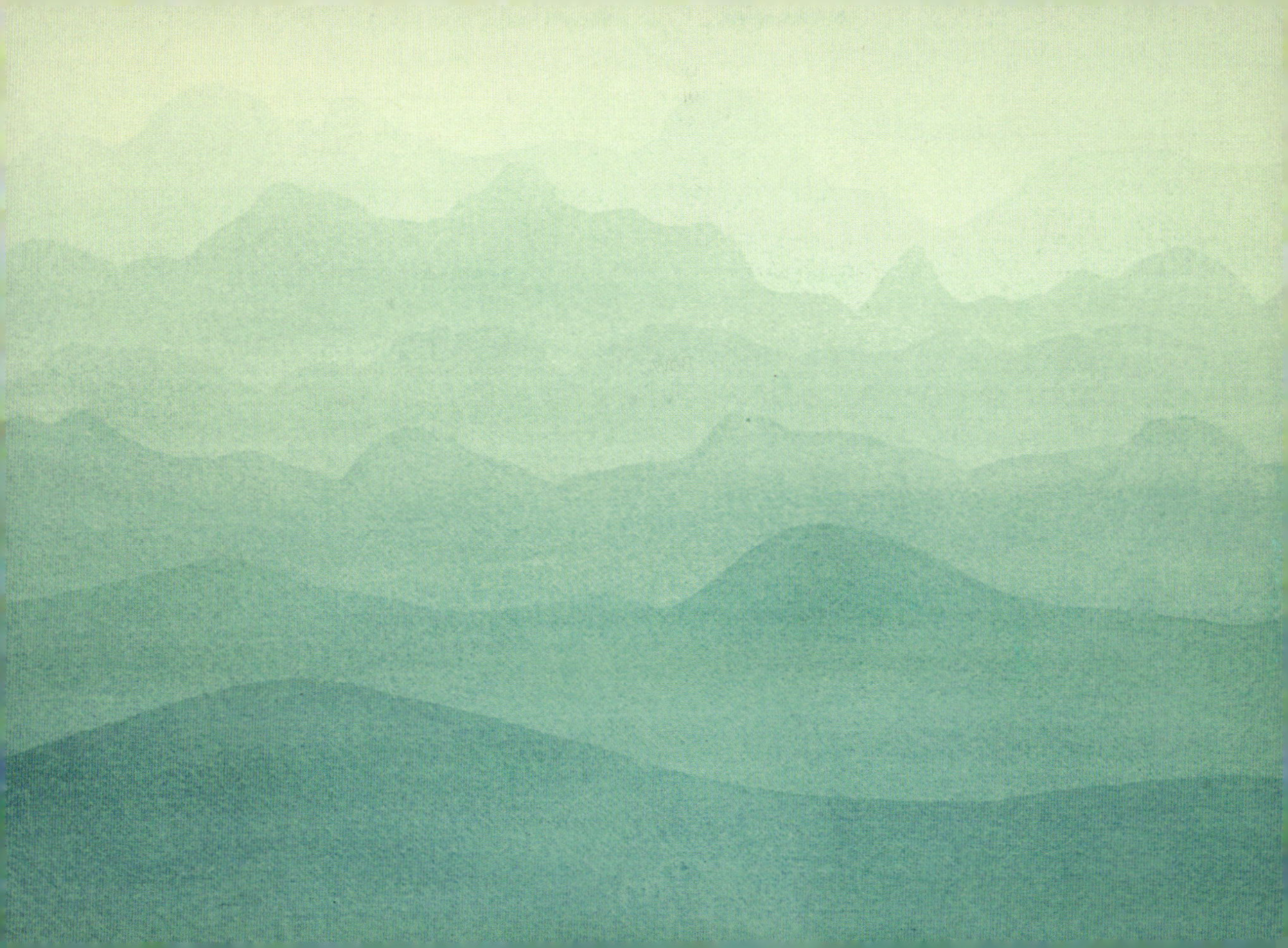

Luces de papel

Holly Exley

En este sencillo bodegón de arándanos se ha empleado la técnica tradicional de acuarela que consiste en superponer capas translúcidas de color sobre papel blanco y dejar zonas del papel sin pintar para representar los brillos. Los colores se tornan más profundos cuantas más capas de lavados se superponen.

Cada uno de los arándanos de esta pintura, *Blueberry Bowl*, constituye un miniestudio de superposición de tonos. Se ha aplicado con todo cuidado el azul de Prusia, en técnica de húmedo sobre seco y capa por capa. Fíjate en los espacios blancos que presentan los arándanos oscuros. Se aprecia el reflejo azulado de las bayas en el interior del cuenco de cerámica, pintado con tonos más suaves y cálidos, en tanto que su exterior se ha pintado en húmedo sobre húmedo. También se ha usado un azul muy pálido para definir el borde derecho del cuenco; se trata de un recurso muy ingenioso y sutil para usar los colores cálidos y fríos. En el cuenco también se han dejado en blanco las zonas más luminosas. En esta imagen no se ha empleado el negro, sino un gris de Payne, un color azul grisáceo oscuro, porque es mucho menos intenso que el negro y permite reproducir incluso la sombra del cuenco y la cuchara, con limpieza, luminosidad y un brillo translúcido.

Truco Aquellas zonas de un objeto sobre las que incide una fuente luminosa se verán más claras, mientras que aquellas que quedan escondidas de la luz se verán más oscuras. Los contrastes acentuados entre colores claros y oscuros insinúan luces más intensas, mientras que si usamos tonos más parecidos, sugeriremos una luz más difusa.

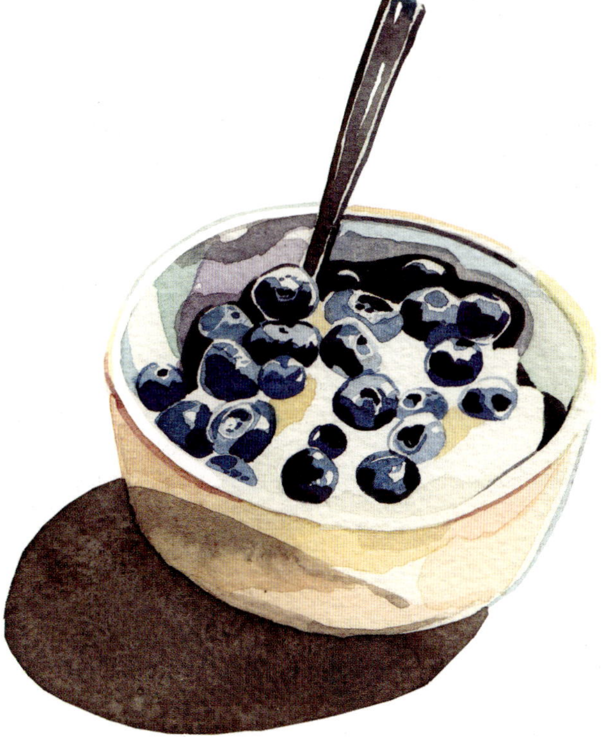

Reinventar las técnicas tradicionales

Loui Jover

Esta imagen es un ejercicio en el que se ha experimentado con la técnica y el estilo. Representa la versión que hace el artista de la tradición oriental de dibujo con tinta negra conocida como *sumi-e*. El motivo dibujado, su escala y el empleo de un collage con papel reutilizado constituyen un enfoque interesante y diferente.

El tipo de papel es importante cuando utilizamos tinta sumi-e. Debe ser moderadamente absorbente y permitir que la tinta permanezca en el pincel cargado el tiempo suficiente para generar los característicos trazos prolongados y casi caligráficos de esta técnica. Un papel demasiado absorbente vaciará de tinta el pincel demasiado rápido. Fíjate en que, en este ejemplo, la distinta absorción de las páginas afecta a los trazos de tinta depositados sobre el papel.

La técnica sumi-e permite aplicar una gama tonal muy rica, desde el negro más intenso hasta unos grises más suaves. Esto es algo que el artista ha aprovechado para lograr un buen resultado. La imagen se titula *Birds*, por la apariencia de las largas pestañas de la modelo, que recuerdan a las plumas de las aves.

Truco Si quieres, puedes emplear un pincel especializado para este tipo de técnica de entintado. Son pinceles muy parecidos a los que se emplean en caligrafía, cuyo haz de pelo se va afinando hacia la punta. Se encuentran con facilidad en tiendas de material artístico.

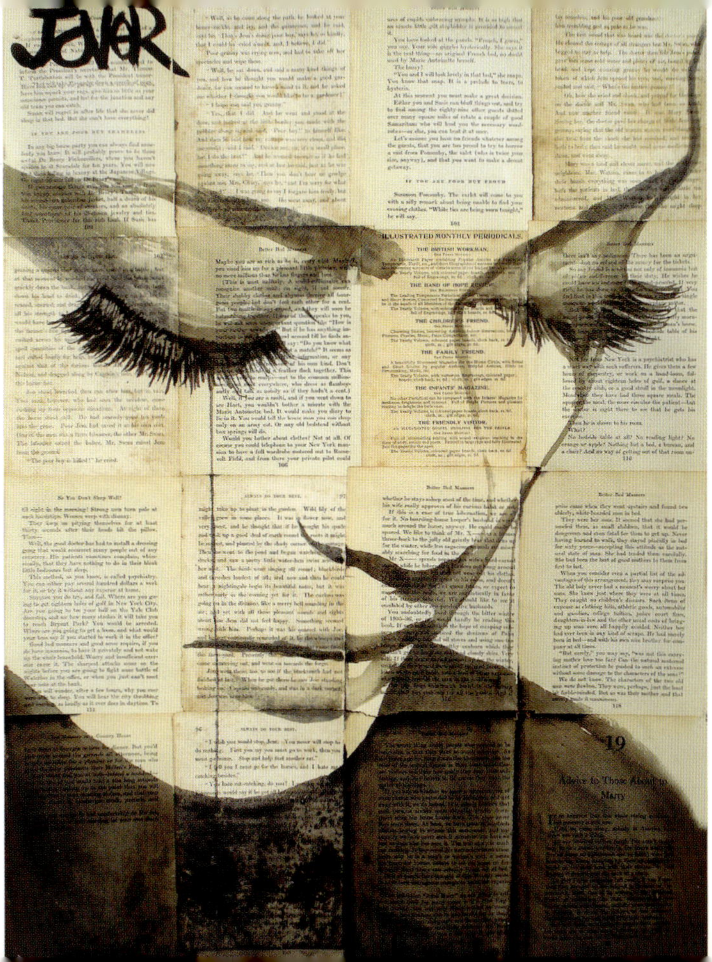
JOVER
ILLUSTRATED MONTHLY PERIODICALS.

Usar simbología familiar

Marina Molares

Las hojas de laurel se vienen empleando desde hace mucho tiempo como detalle simbólico y decorativo en arquitectura, mobiliario y textiles, y el hecho de que sean un motivo tan familiar supone un reto para el artista que desee incluirlas en su obra. A menos que quiera producir un pastiche de estilos de otros tiempos, deberá encontrar maneras nuevas e imaginativas de representarlas. La combinación de técnicas que ha empleado la autora de esta imagen logra exactamente eso al mezclar el clasicismo de la acuarela con la modernidad del rotulador.

Esta pintura, *Laureate*, se ve natural: la planta tiene formas fluidas y parece crecer en el espacio y alrededor de este. La artista ha dispuesto con elegancia las formas curvilíneas para que se entrelacen y se solapen. Empleó un rotulador permanente negro para contornear el dibujo y después aplicó una acuarela verde, lo que pone un contrapunto de soltura en esta obra de superficies planas y trazos nítidos, sobre todo cuando el color se sale un poco de las líneas.

Truco No es fácil lograr unas líneas tan nítidas y gráficas como estas dibujando a mano alzada. Una buena manera de trazar unas guías que te ayuden a entintar el dibujo con cuidado antes de aplicarle color es usar papel carbón. Prueba a calcar el contorno de tu motivo (por ejemplo, directamente desde una fotografía). Colócala sobre el papel de acuarela, con una hoja de papel carbón en medio (con el carbón hacia abajo). Si repasas el contorno de tu imagen, el papel carbón lo transferirá al papel de acuarela.

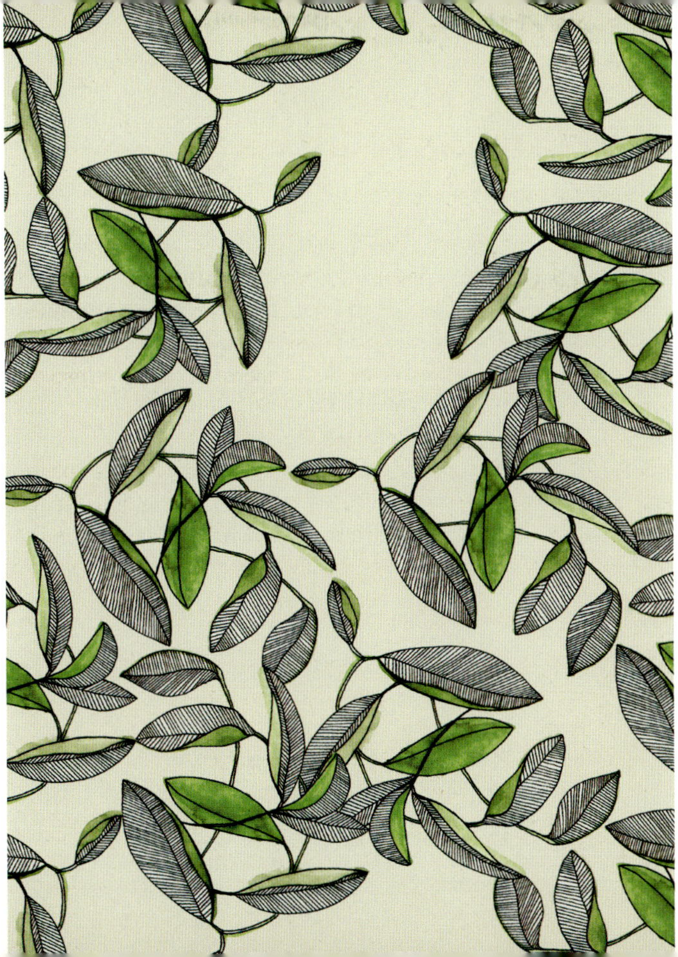

Espacio negativo

Monica Ramos

Las pinturas comunican a varios niveles. Aprendemos tanto de la técnica del artista por lo que no nos muestra como por lo que nos presenta en el papel. Esta ilustración, *Warm Water*, es interesante sobre todo por el tratamiento que hace del espacio negativo, que es el espacio que se extiende entre los motivos pintados. Al rellenar la artista este espacio, van apareciendo los nadadores en los huecos que ha ido dejando, y el color claro del papel sin pintar se convierte en su piel.

En aquellas pinturas donde se crean diversos objetos a partir del espacio negativo lo mejor es emplear un líquido enmascarador que repela la pintura. En este ejemplo, el líquido enmascarador se eliminó con cuidado después de que se secase el lavado, y se empleó un tono turquesa más oscuro para dibujar las partes de los cuerpos que están bajo el agua. Por último, se usaron lápices de colores para dibujar los detalles de los trajes de baño y algunos rasgos faciales.

Truco Puedes aplicar líquido enmascarador con un pincel, pero mejor si usas uno que sea viejo. También puedes emplear una espátula o un pincel con punta de silicona de los que se usan para extender colas y adhesivos, ya que el líquido no se adherirá a su punta. (También sirven para aplicar pintura acrílica.)

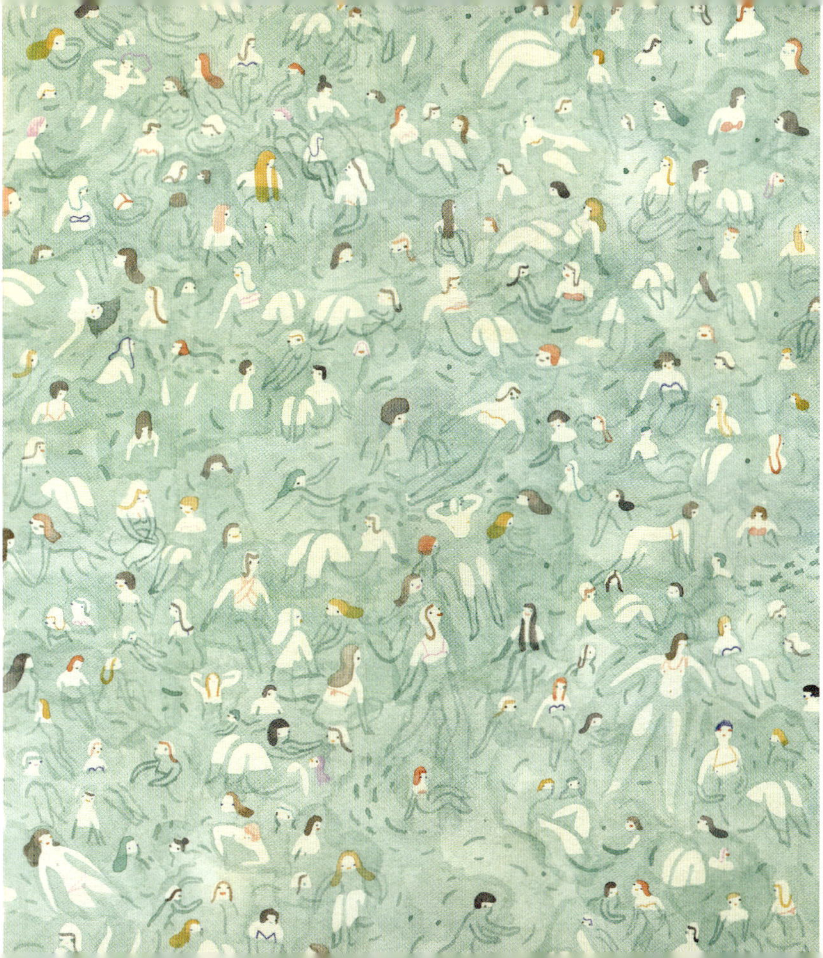

Escenas nocturnas

Elizabeth O'Reilly

En esta escena nocturna, titulada *Night Lights on 3rd St.*, los distintos tonos violáceos captan a la perfección el instante posterior al anochecer, cuando la luz solar se atenúa, se encienden las lámparas y empiezan a danzar los reflejos en la superficie del agua.

En esta composición se ha empleado la regla de los tercios. Para el agua oscura se ha aplicado un lavado base de violeta saturado en los dos tercios inferiores del papel para acuarela. Una capa del mismo color, pero más clara, cubre el tercio superior para representar el cielo. Pese a su sencillez, estos lavados semitransparentes logran captar a la perfección la tenue luz del ocaso.

El paisaje industrial que se aprecia en la orilla del agua se creó a base de pedazos de papel pintados con diversos colores de acuarela, que luego se recortaron a medida y se encolaron en su sitio. En los detalles que componen el collage se han utilizado colores complementarios para lograr un gran efecto. El detallito en color rojo aporta un toque de calidez.

Truco En esta pintura se aprecia granulación, ese efecto moteado que se da a veces al depositarse partículas de pigmento sobre el papel. No todos los pigmentos causan esa granulación, pero sí que es posible imitar el efecto añadiendo a la pintura algún medio de granulación, que encontrarás en las tiendas de bellas artes.

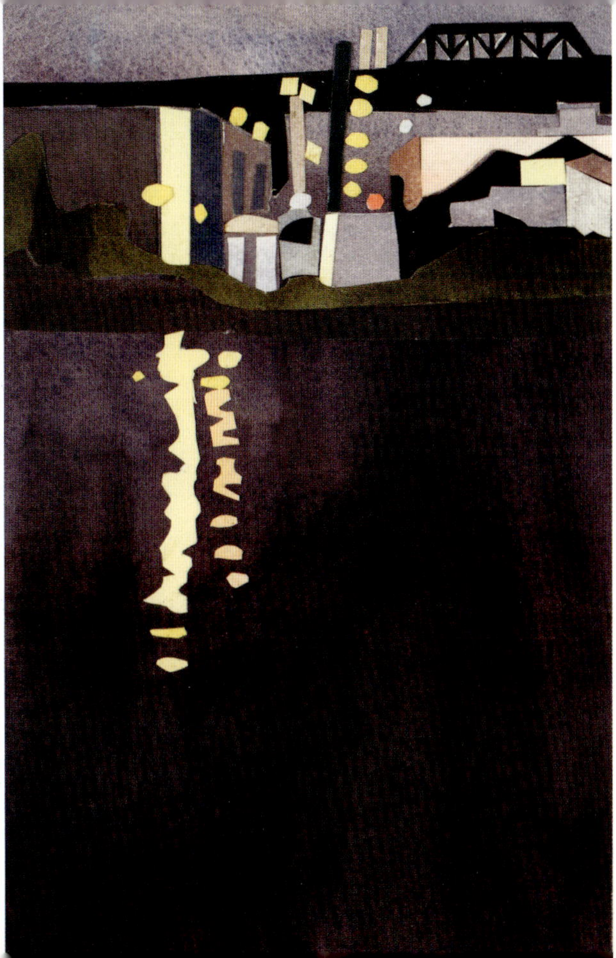

Usar colores secundarios

Nadja Gabriela Plein

La idea original de la artista para esta pintura, *Snow Forest 32*, surge de un bosque suizo en invierno. Para sacar el máximo provecho del impacto visual de los colores de la ilustración se seleccionó un papel para acuarela de la mejor calidad y se aplicó la pintura en húmedo sobre seco, una técnica que resultó ser sumamente eficaz. Los colores acaparan nuestra atención, seguidos de cerca por la sucesión de franjas que forman los troncos de los árboles. El violeta domina la escena, y su riqueza se ve equilibrada por los otros dos colores secundarios: el verde y el naranja. El toque de amarillo hace que el violeta destaque todavía más: ambos colores están en extremos opuestos del círculo cromático y por ello son complementarios.

La composición de esta pintura se ha pensado con detenimiento. La acentuada distribución vertical empieza por la esquina inferior izquierda de la página, con la base de los tres troncos que se curvan hacia lo alto. La sensación de profundidad que se crea en la ilustración se ve enfatizada por la visión de la perspectiva que ha empleado su autora: las formas silueteadas de los árboles son más estrechas cuanto más se alejan hacia el fondo. El empleo de matices del mismo violeta como relleno entre los árboles se suma también a esta sensación de distancia: los colores se difuminan a medida que se alejan de nosotros.

Truco Elegir el tamaño idóneo de pincel muchas veces resulta crucial para que una ilustración salga bien. En este caso, lo mejor fue emplear pinceles de acuarela "redondos" en dos tamaños: uno más grande para los troncos y otro más pequeño para las ramas y el moteado malva del follaje.

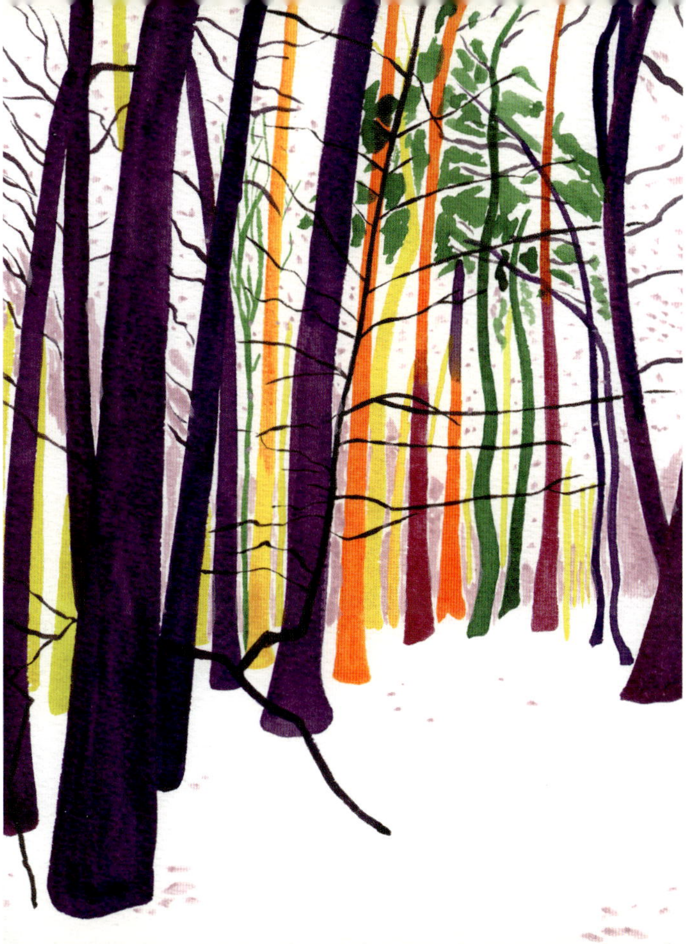

Bocetos preparatorios

Simona Dimitri

Estas acuarelas, de la serie titulada *The Flowers' Tree*, expresan confianza y una sensación de ligereza. Aunque estilizadas, las obras se han elaborado a partir de la observación directa del mundo natural, algo que la artista considera muy importante. Antes de empezar a pintarlas, la autora hizo varios bocetos preparatorios, recurriendo tanto a su memoria visual como a la observación directa de los objetos.

Los árboles de estas ilustraciones exhiben unas formas fluidas y elegantes. Sus troncos se han p intado con un pincel grande sumergido en agua limpia. Después de aplicar una pincelada generosa, la tensión superficial del agua le permitió añadir otro color sin que la mancha se desbordase ni se corriese. Trabajar de esta forma permite dar mucha sutileza a grandes zonas de color.

La artista da mucha importancia al color y se sirve de él para lograr un estupendo efecto en las hojas y las flores de los árboles. La paleta de color de cada uno de los árboles es armoniosa y sutil, sin que ello les reste brillo y luminosidad. La combinación de azul turquesa y rojo aporta un toque de dinamismo.

Truco Es difícil trazar líneas y rayas con precisión cuando se trabaja con pincel. Para ello es mejor usar una plumilla o una pluma estilográfica cargadas con el color o la tinta de nuestra elección.

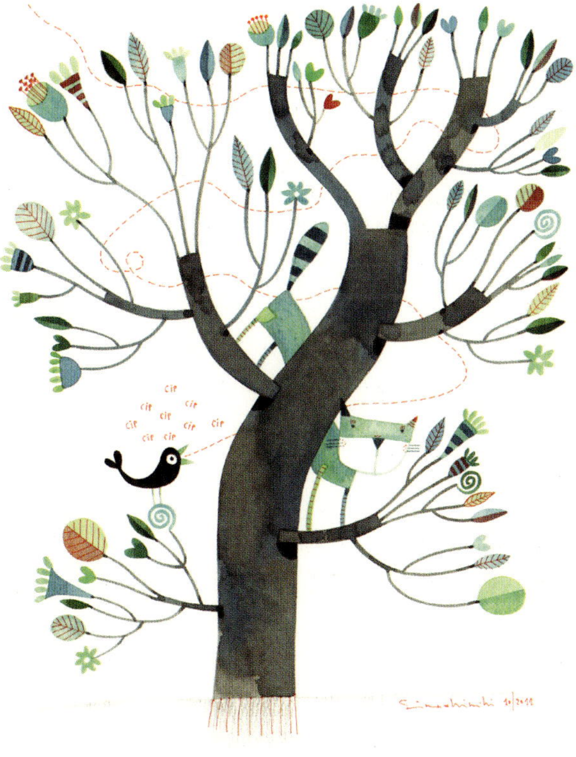
cip
cip
cip
cip
cip
cip
cip
cip
cip
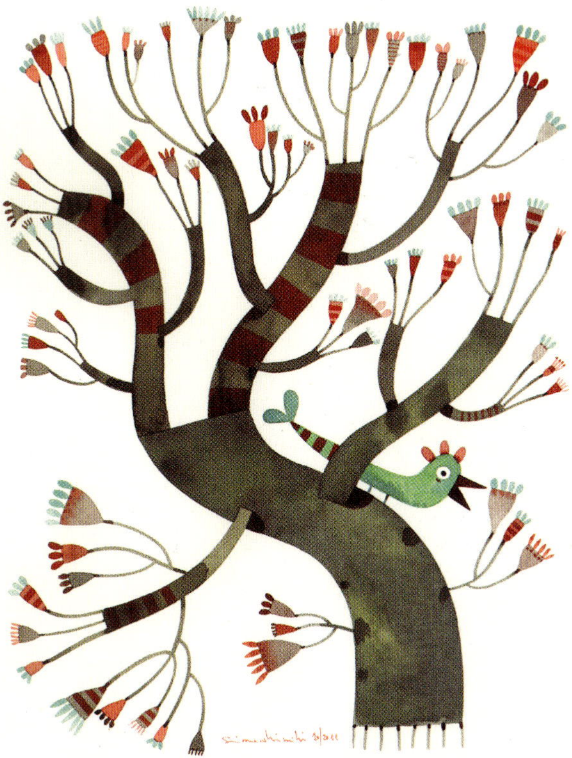

Conservar la espontaneidad

Sophie Lécuyer

Este es un bodegón muy discreto e informal. El motivo ilustrado, una colección de cactus en tiestos desparejos, es una escena que se ve comúnmente en muchas casas. Aquí el reto para la artista radica en dar con una manera interesante de pintarlo. En lugar de abordarlo de un modo radicalmente distinto, la clave de este bodegón está en que se han captado la inmediatez y la sencillez cotidiana de los artículos representados. De todas las pinturas que existen, la acuarela es perfecta para esto.

Esta pieza, titulada *Tiny Cactus*, tiene algo de espontáneo. No se hicieron bocetos previos, sino que los tiestos se pintaron con unas cuantas pinceladas rápidas en húmedo sobre húmedo. Las formas de los cactus están compuestas por varios verdes, con un toque añadido de negro para los tonos más oscuros. Los colores cálidos y terrosos de la maceta de barro también se emplearon como lavado base en la planta de la derecha. Solo hay un color aparte de estos: la base o sombra violácea que aparece debajo de uno de los tiestos. Como cosa fuera de lo común, se ha añadido tinta china a la acuarela para crear los contrastes oscuros y conseguir mayor sensación de profundidad. Las espinas y púas se han trazado arrastrando la pintura mojada hacia el exterior, posiblemente con el extremo "equivocado" del pincel.

Truco Arrastrar, difuminar y soplar la pintura mojada son buenas técnicas para extender el color a partir de una zona de pintura recién aplicada. En esta ilustración, la técnica se ha empleado para definir las espinas de los cactus, pero puede usarse también para pintar pieles de animales, hierba o estambres de flores.

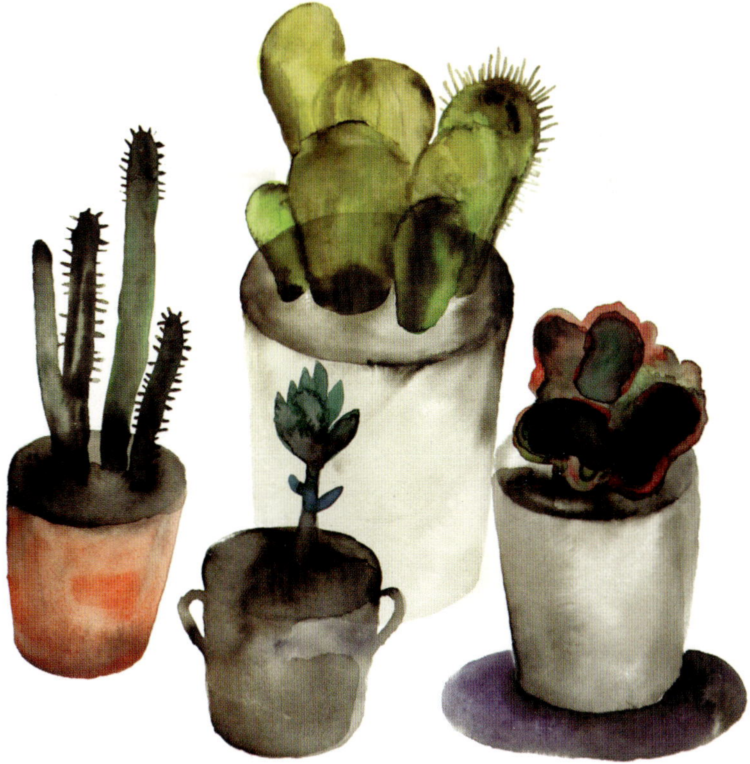

Crear una imagen por piezas

Talya Baldwin

Esta ilustración, titulada *Olive Tree with Crows*, está compuesta por piezas separadas. El olivo y las cuatro aves, pintados por separado, se han juntado para conseguir una imagen sorprendentemente artificial. El olivo granate se ha representado con soltura: las pinceladas son fluidas y las formas de las hojas son simples bucles estilizados. Si nos fijamos en el tronco, veremos que se ha aplicado el color con mucha densidad en la base y que se va aclarando a medida que los trazos ascienden. Esa manera de diluir el color es típica de la acuarela, al igual que la superposición de capas: primero se pintó una primera capa de hojas y más tarde se añadió encima otra con una versión más saturada del mismo color. La única diferencia es la cantidad de agua empleada al cargar el pincel de color.

Las aves se pintaron con un estilo mucho más técnico y a un tamaño mayor, antes de redimensionarlas digitalmente y añadirlas al árbol. Emplear fotografías como referencia ayuda a lograr un grado de detalle de este tipo, y además contribuye a que nos familiaricemos con el objeto o motivo en cuestión, algo que se acaba adquiriendo con la práctica.

Truco Aunque esta pintura se ha montado por medios digitales, lo que hace que sus elementos queden perfectamente combinados, no temas hacer lo mismo utilizando tijeras o un cúter y pegamento. En este libro verás varios ejemplos de excelentes pinturas hechas mediante un corta y pega manual.

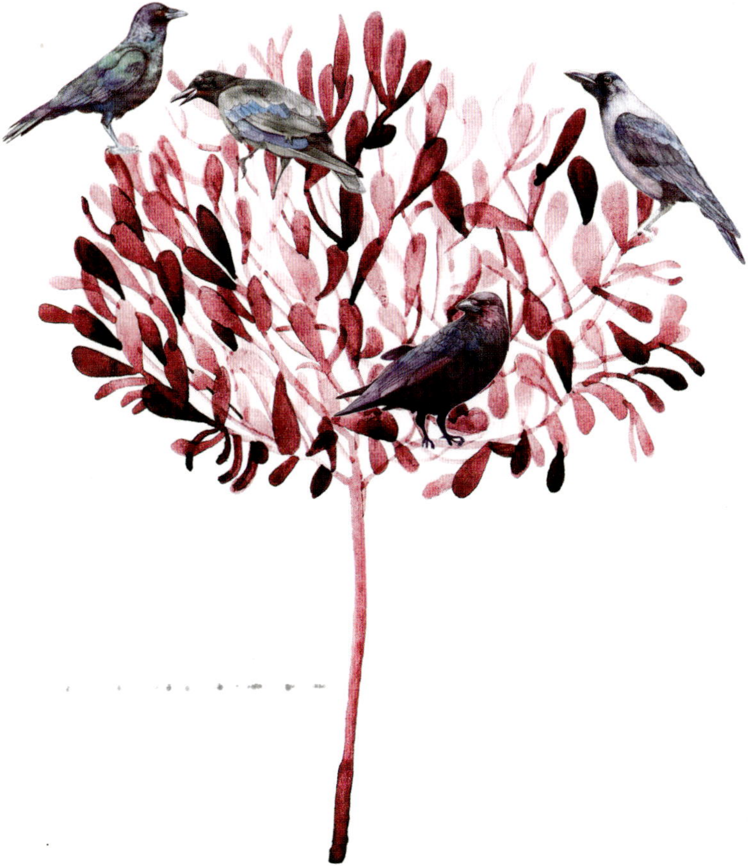

Verde de ftalocianina

Cate Edwards

En esta pintura, titulada *4 Bowls on Green*, se ha empleado con suma eficacia el verde de ftalocianina. Se trata de un color muy versátil que permite aplicar una gama tonal completa, del más claro al más oscuro, con la simple variación de la cantidad de agua. No sobrecarga la ilustración, sino al contrario: cohesiona los elementos de este bodegón.

Los cuatro cuencos y sus superficies decoradas se pintaron sobre las líneas del boceto previo, y la pintura no se sale de esos trazos de guía. Esas notorias líneas forman parte integral de la imagen. En definitiva, esta es una pieza basada en la observación y que se regodea en el color. La pintura insufla vida a los dibujos que decoran la superficie de los cuencos, que se convierten así en un objeto animado dentro de los contornos de cada recipiente.

Truco Consulta las páginas web de los fabricantes de pinturas. Muchas veces proporcionan información detallada, útil e interesante sobre sus productos. Las características, los ingredientes, la opacidad, la granulación y la resistencia a la exposición a la luz de las pinturas pueden variar enormemente.

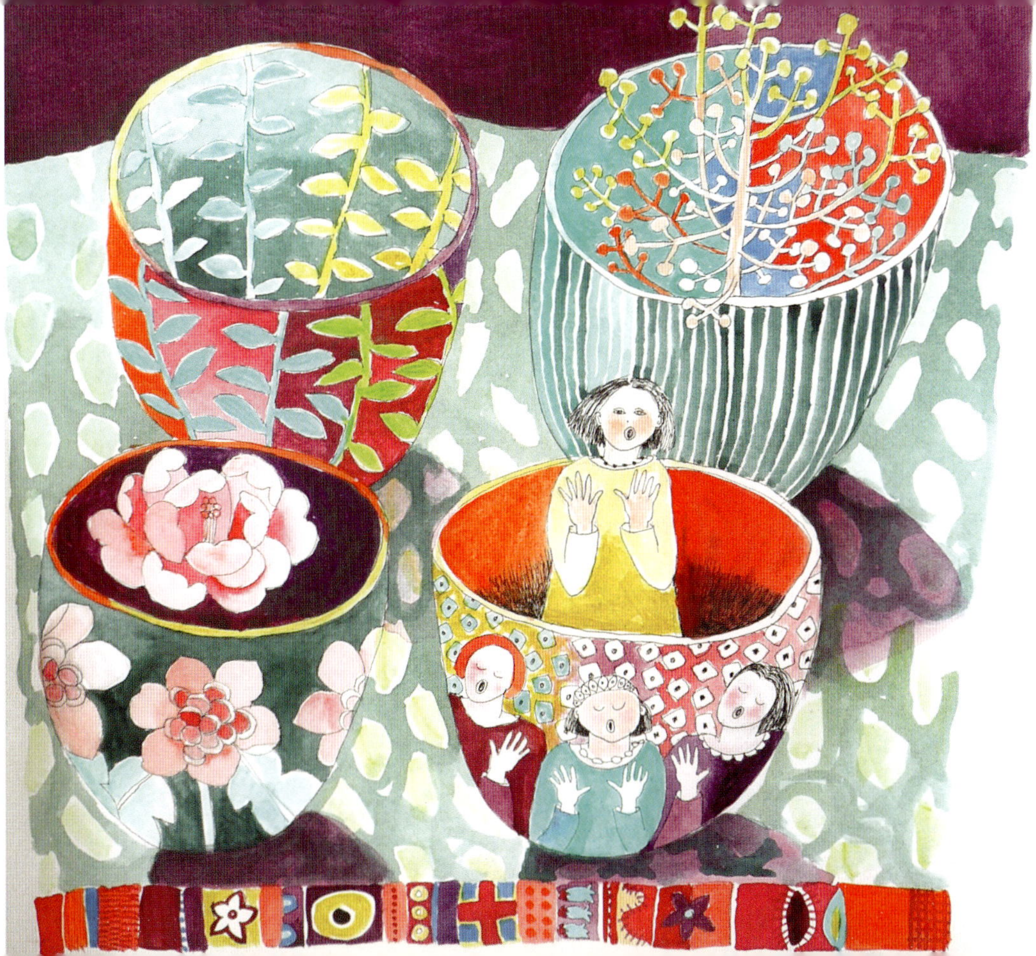

Introducir motivos en un bodegón

Holly Exley

Las tazas desparejadas y apiladas en dos columnas que muestra esta pintura, *Teacups*, componen un bodegón de distribución insólitamente inestable. En lugar de hacer seis tazas idénticas, la autora ha optado por plasmar diversos estilos y las ha compuesto de un modo interesante y atractivo. Varios de los colores empleados (rosa, azul de Prusia, ocre amarillento y malva) se repiten en los distintos motivos. Fijémonos, por ejemplo, en los dorados de los bordes que presentan todas las piezas de vajilla.

La belleza de las acuarelas, ya usemos pinturas en pastilla o en tubo, es que pueden "reactivarse" con suma facilidad. A diferencia de los acrílicos o los óleos, la simple adición de agua las revitaliza y hace que podamos usarlas otra vez. Conviene que la paleta en la que mezclamos los colores sea blanca (para poder valorarlos con precisión) y de material plástico o cerámico. Podría incluso haberse utilizado ese platillo que no apareció en esta ilustración por carecer de adornos.

Truco Recuerda que no todos los fabricantes ponen el mismo nombre a las pinturas. Así que conviene asegurarse de consultar en su web las tablas de colores o pedir en la tienda de bellas artes algún catálogo impreso de los colores disponibles de cada marca.

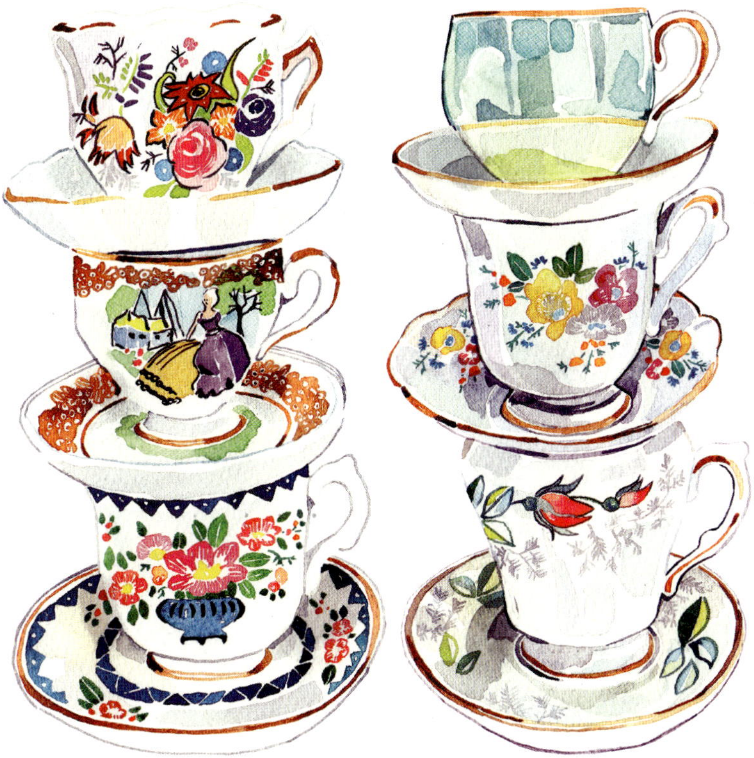

Profundidad por medio del color

Elizabeth Baddeley

La artista se sirve de su conocimiento de la perspectiva aérea para conferir profundidad espacial a este paisaje urbano, titulado *Rainy City*. Esta representación de la escena que se contempla desde su ventana está lograda porque, al difuminar los colores de la imagen desde el primer plano hasta el fondo, ha sido capaz de generar una impresión de tridimensionalidad sobre una superficie bidimensional. Los tonos más pálidos aparecen en la parte superior de la pintura. La técnica empleada es idónea para crear estos efectos de color: lo único que hace falta es aplicar con el pincel una buena cantidad de acuarela en una zona y levantarla arrastrándola con una servilleta de papel. La autora también ha empleado eficazmente esta técnica para crear el efecto del humo que emana de algunos de los edificios. En contraste, los tonos más oscuros se sitúan en la parte inferior de la imagen y el negro solo se emplea en la parte más cercana al espectador.

Los detalles lineales se trazaron con rotuladores de bola, en forma de líneas discontinuas trazadas a regla que representan la lluvia que cae de manera oblicua y líneas también blancas que representan las escaleras de las azoteas. Las ventanas se dibujaron mediante trazos de un tono gris que va disipándose también hacia arriba. Las ventanas rellenas de amarillo aportan un toque de intimidad a esta imagen por otra parte tan monocromática. Nos sugieren que tal vez haya otras personas contemplando la lluvia desde sus ventanas.

Truco Existe la acuarela negra, pero ten en cuenta que para obtener el color negro también puedes mezclar los tres colores primarios (rojo, azul y amarillo) en idénticas proporciones. Si alteras esas proporciones de los colores primarios, puedes conseguir negros más suaves, intermedios o intensos.

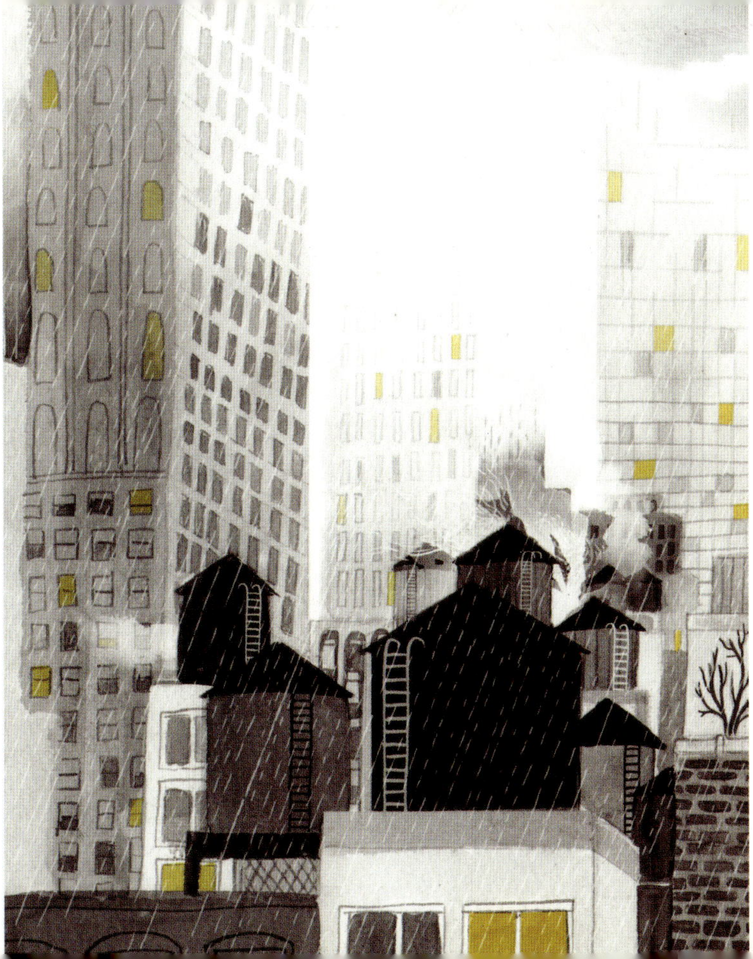

Estarcidos

Charlene Liu

La acuarela es solo uno de los materiales empleados en esta imagen tan colorida, titulada *Surfer's Splendour*, en la que se han aplicado varias técnicas. Se ha utilizado en el fondo de color terroso, en el que se aprecian manchas de acuarela en húmedo sobre húmedo, manchas claras y siluetas reticuladas de rombos. La artista usó piezas de vallado metálico y otros productos de manufactura industrial a modo de plantillas, colocándolos sobre un papel al que ya se le había aplicado un lavado y rociando pintura sobre este con un aerógrafo. Las hojas caídas también se hicieron mediante estarcido, con plantillas preparadas por la propia artista. Las hojas de acetato funcionan muy bien como plantilla porque no se deterioran aunque las mojemos repetidamente.

Las flores y frutas de color carmesí, escarlata y rosa están compuestas por una combinación de serigrafía fotográfica y grabado con bloques de madera. Estas técnicas le permitieron a la autora estampar múltiples figuras sobre el fondo de acuarela para crear una imagen rica, compleja y exuberante.

Truco Si quieres experimentar con efectos de estarcido con plantillas, no hace falta que vayas corriendo a comprarte un aerógrafo, porque son muy caros. Puedes aprovechar un pulverizador que tengas en casa o comprar un difusor de boca.

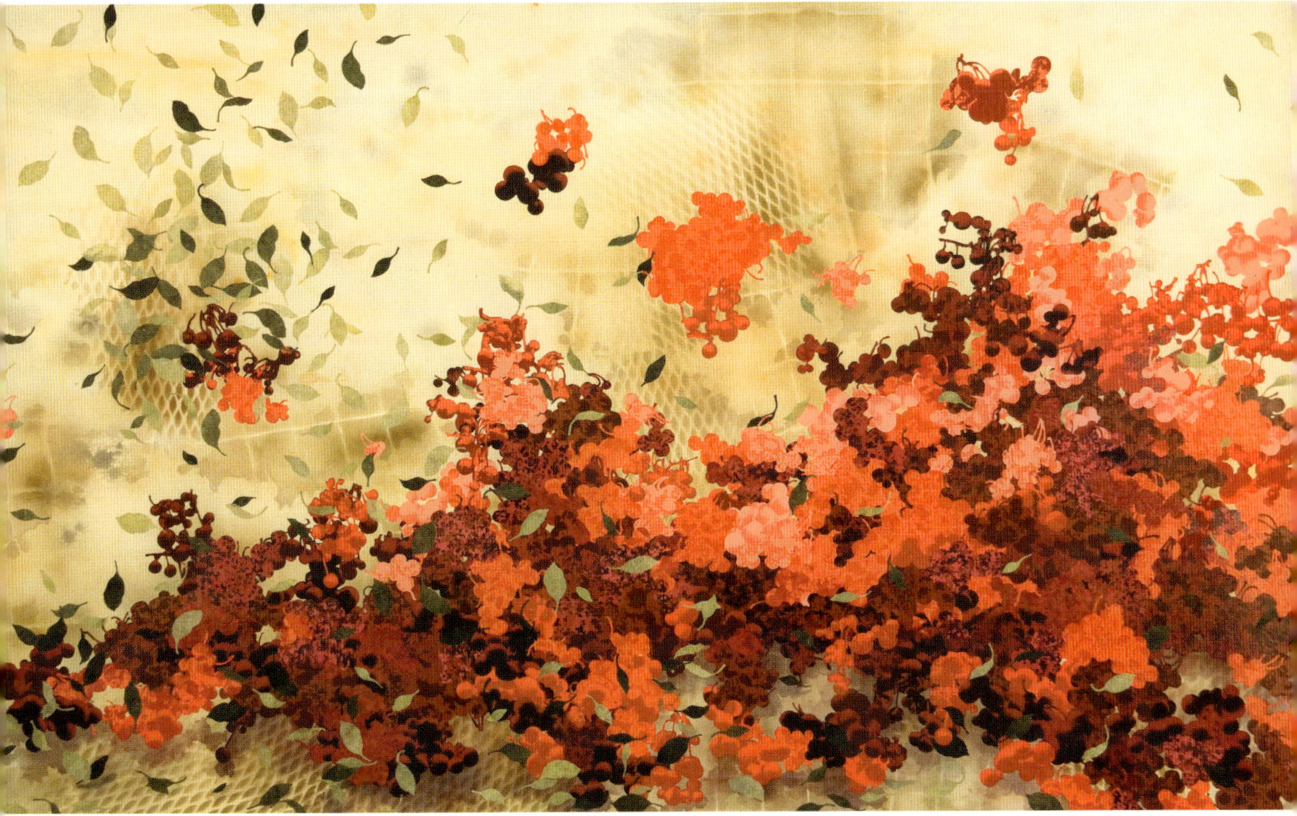

Trabajar en pequeño formato

Daniela Henríquez Fernández

Una fotografía bien escogida puede proporcionarnos una buena base para una acuarela de pequeño formato. Este periquito rosa —una de las acuarelas más pequeñas y delicadas de este libro, de solo 10 cm de anchura— se pintó usando como referencia una foto.

Para trabajar en pequeño formato es mejor emplear un papel de acuarela prensado en caliente, porque presenta una superficie de textura más fina. Para las delicadas pinceladas que componen las plumas del pájaro se han necesitado unos pinceles redondos del número 1 o 2. Se puede lograr una textura de plumas haciendo rodar por el papel un pincel redondo bien cargado de pintura. Esta ilustración, titulada *In Rose*, se hizo en húmedo sobre húmedo, y las manchas de pigmento depositadas sobre el papel generan una sensación de textura más acentuada en las plumas del cuello y la cabeza. En el resto del ave, las pinceladas moteadas de tonos rosados se suavizaron aplicándoles una esponja pequeña. Para las plumas negras y la rama florida se emplearon pinceladas más contrastadas. Las alas se rellenaron con una serie de trazos más gestuales, mientras que una técnica de pincel seco permitió conservar el nivel de detalle de las flores.

Truco Si quieres que tenga una superficie con más textura, puedes escanear e imprimir tu pintura a la acuarela en un papel artístico con textura de lienzo o papel de acuarela para impresoras de chorro de tinta.

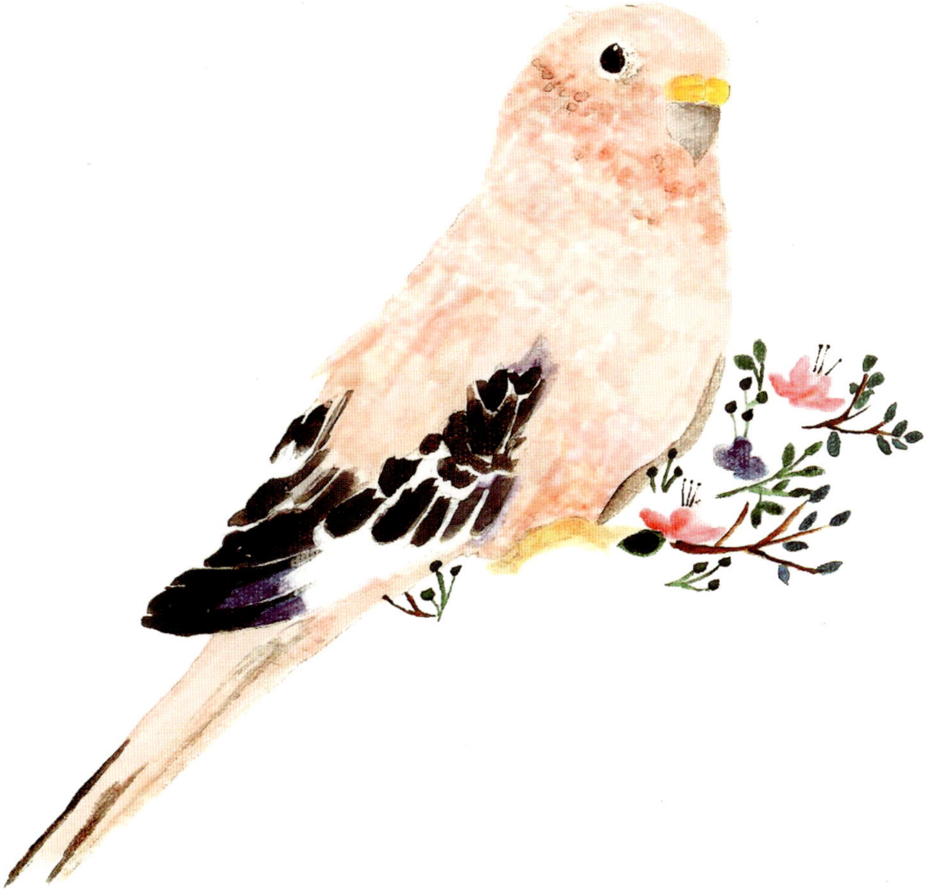

Tintas solubles en agua

Eleni Kalorkoti

Para dibujar estas ilustraciones (de izquierda a derecha: *Sci-Fi, Mask* y *Reader*) se emplearon tintas solubles en agua, que tienen características en común con las acuarelas y se pueden usar más o menos de la misma manera. Aquí vemos lavados en húmedo sobre húmedo, pincel seco y pintura con esponja, así como por lo menos seis tonos distintos de tinta negra.

Para conseguir dar a una pieza esta complejidad tonal hace falta planificación. Premezclar estos colores en los huecos de una paleta blanca facilitaría mucho la elaboración de este tipo de ilustraciones, así como predeterminar la gama de tonos de cada uno de los objetos representados. Los colores se yuxtaponen unos con otros, en algunos casos separados por sutiles líneas de gris. La única mezcla degradada de grises que hay en toda la ilustración está en el vaso de la imagen de la izquierda.

Truco Para pintar con tintas lo mejor es una superficie lisa, sobre todo si se emplean plumillas. Los papeles de acuarela prensados en caliente resultan ideales.

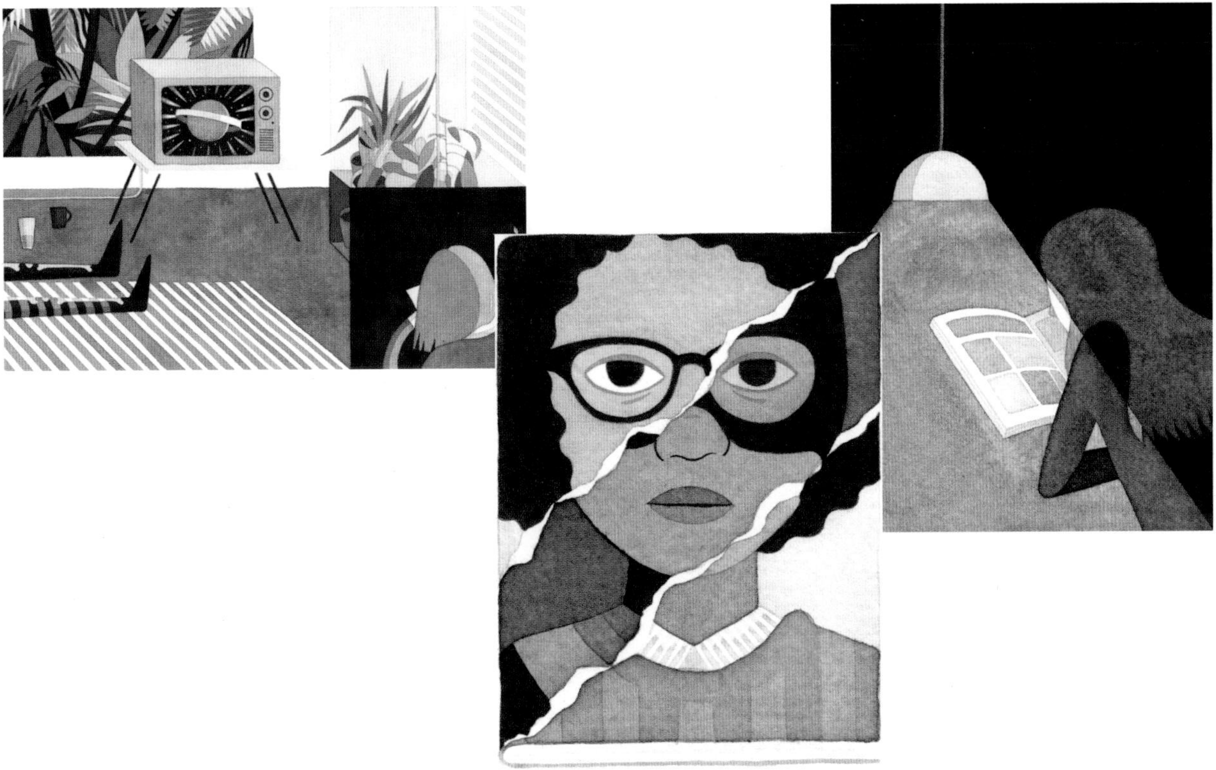

Equipo de viaje

Wil Freeborn

El cuaderno de dibujo es una pieza central en la obra de este artista. Con sus frecuentes viajes y su trabajo a la intemperie ha ido reduciendo su equipo de trabajo hasta el mínimo: una sencilla paleta de viaje, tres pinceles de tamaños diferentes, un afilador de lápices a pilas, dos cámaras (una de ellas es su propio teléfono), un lápiz, un "rotulador de artista" (con tinta permanente) y unas gafas. Todo lo cual, por cierto, compone este apropiado bodegón.

Los útiles del artista están pintados en el papel de color marfil de un cuaderno Moleskine®. Su método consiste en trazar un boceto escueto del natural, tomar notas de color, hacer fotos de referencia y después, ya en casa, trabajar en la imagen. Ver estos utensilios del autor presentados así nos ayuda a hacernos una idea del proceso. En esta imagen, titulada *Equipment Page, My Drawing Kit*, el dibujo es tan importante como la pintura y se aprecian en ella vestigios de un boceto rápido a lápiz. Para trazar los contornos se empleó un rotulador permanente de tinta marrón (un tono más sutil y menos duro que el negro). La pintura se hizo a base de varias capas de lavados, elaborando los tonos capa tras capa. La paleta de viaje se pintó mediante la técnica de húmedo sobre húmedo, el mejor método para representar ese tipo de superficie de trabajo.

Truco La cámara es una útil herramienta para ayudarte a decidir la composición y el formato de una ilustración. Muchas veces, hacer una foto de un grupo de objetos como estos y verla después en pantalla te ayudará a obtener la información necesaria para elaborar un bodegón con acuarelas.

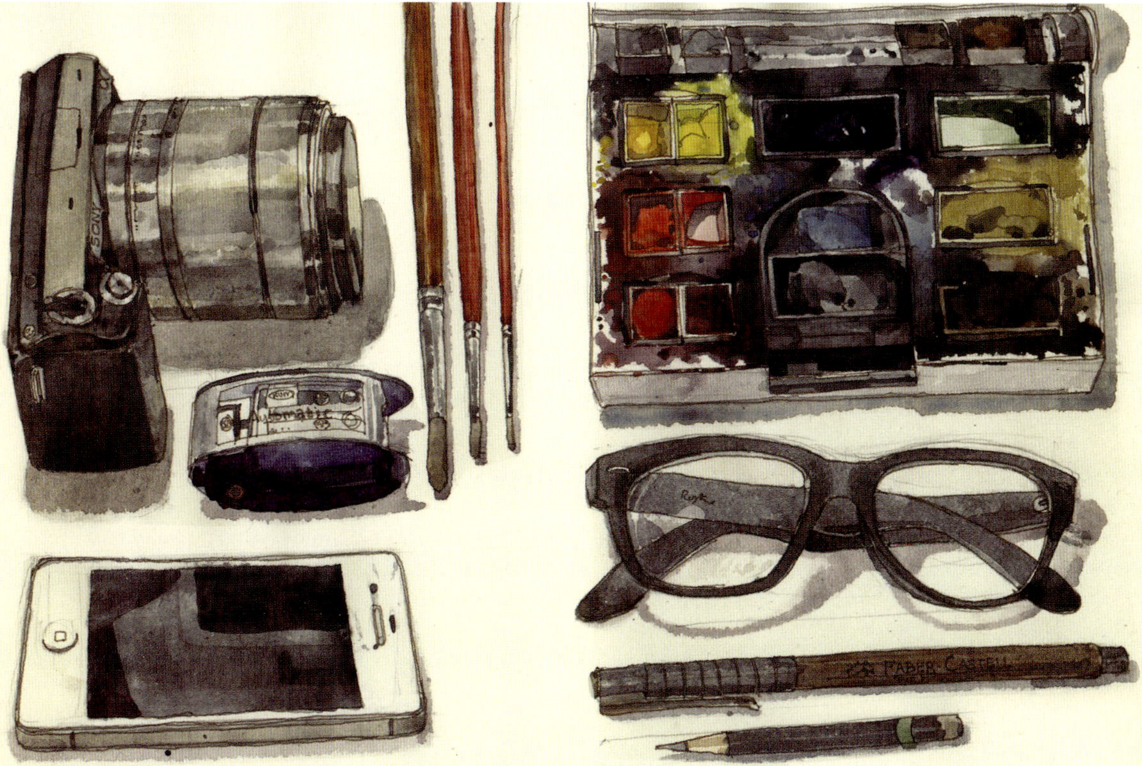
SONY
FABER-CASTELL

Trabajar los detalles de una ilustración

Yellena James

Season, obra de Yellena James, es una de las pinturas más intrincadas que aparecen en este libro. Su colorido sugiere novedad, frescura y abundancia. La predominancia del turquesa y el verde contribuye a evocar un entorno acuoso. La creación de esta pieza se inició con el tono cálido que cubre el fondo, un lavado pálido aplicado en toda la hoja de papel, en húmedo sobre húmedo, con un pincel plano grande. Después se añadieron lavados en otras zonas con un pincel más pequeño y se dejaron secar para que formasen visibles charcos, gotas y corrimientos. Para generar ese tipo de efectos se puede inclinar el papel o soplar la pintura recién depositada.

A continuación, la autora aprovechó esas manchas para decidir el emplazamiento y la forma de las figuras orgánicas que trazaría después con plumilla y tinta para definirlas bien. Una vez dibujados todos los contornos, se aplicaron los colores más saturados: un azul turquesa y la cantidad justa de negro. Fíjate en que estos tonos no se aplicaron en húmedo sobre húmedo, sino con pincel seco. En esta fase se necesitaba mayor control para evitar que el color no rebasase los límites de su zona correspondiente. Para acabar, con plumilla y tinta y con lápices de cera se añadieron más detalles, como las líneas radiales, los circulitos, los arcos y curvas, las ondas y los punteados, así como un sutil sombreado a lápiz sobre la primera capa de lavado de acuarela.

Truco Con una paleta que tenga varios huecos, prueba a generar una gama de matices del mismo color mezclando agua en distintas proporciones. Las acuarelas en tubo y el gouache resultan ideales para este tipo de experimentos con el color.

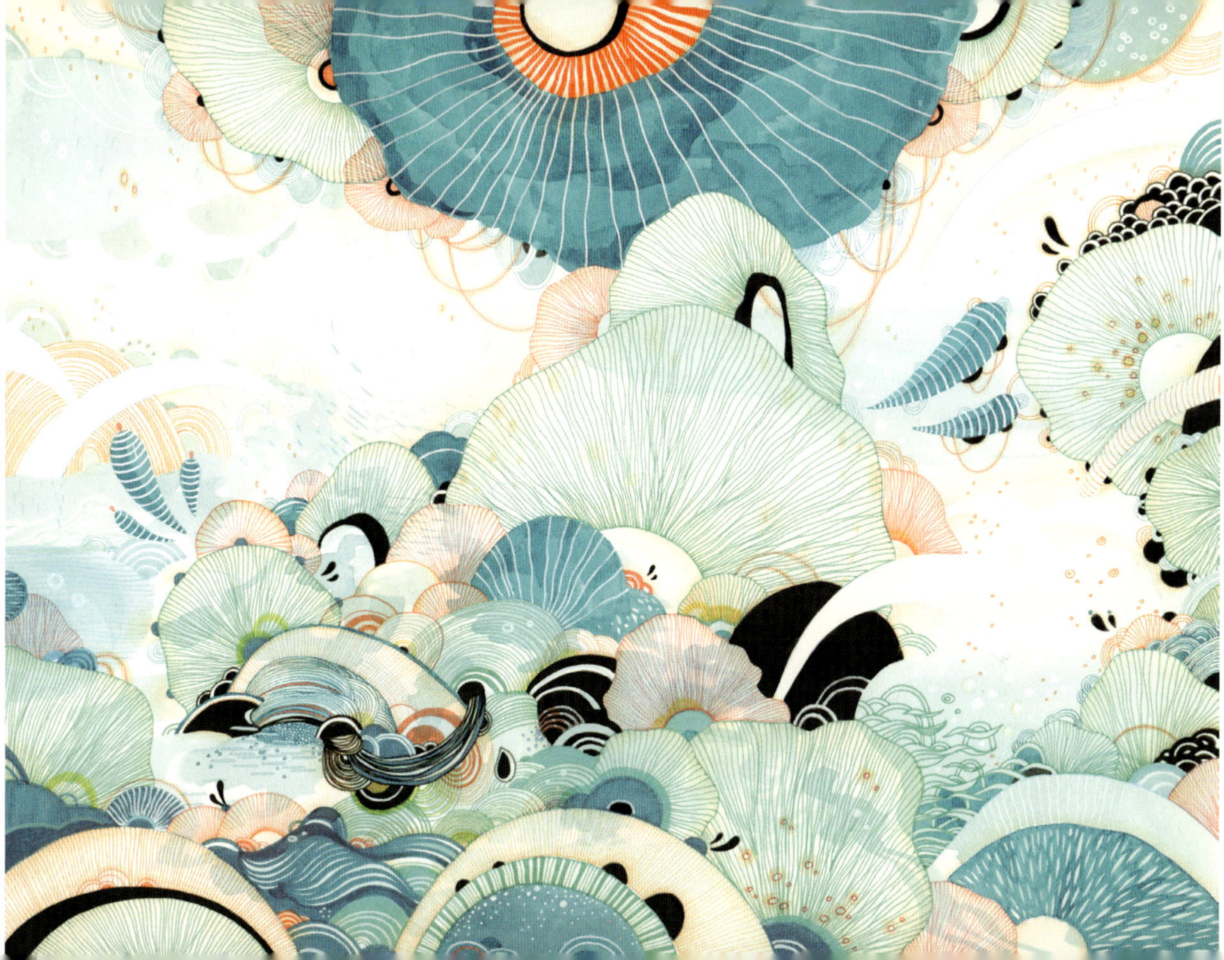

Granulación

Joanna Goss

Si miramos esta obra, *Your Rustlers*, percibiremos de inmediato que los diversos colores que la componen se han secado de maneras distintas y que algunos de ellos muestran un efecto de textura o granulación. Este efecto se produce cuando las partículas de pigmento se separan y quedan depositadas en la textura de la superficie del papel. Es una propiedad natural de determinados pigmentos, como los colores terrosos (siena y ocre oscuros, sepia), el cadmio (rojo), el violeta y el malva, varios azules (cobalto, de ultramar, cerúleo), el verde (viridián) y el negro azabache.

Si quieres conseguir el mismo efecto con otros colores, puedes emplear un aditivo para pintura que se llama *medio de granulación*. Con esto les darás un aspecto moteado a los colores que normalmente producen unos lavados más uniformes, y si lo añades a colores que ya generan granulación, acentuarás más ese mismo efecto. Fíjate en las franjas en zigzag de color rosado de este ejemplo, donde se aprecia la separación de partículas en grado extremo. La artista se ha servido de su conocimiento de la granulación para darle más dinamismo a este diseño que el generado por la mera combinación de colores.

Truco Los colores que producen granulación presentan en su envase y en las cartas de colores una letra G debajo de la muestra de color. Muchos acuarelistas aprecian el efecto de granulación porque les resulta útil para representar paisajes terrestres y marinos (por ejemplo, nubes, nieblas y superficies rocosas).

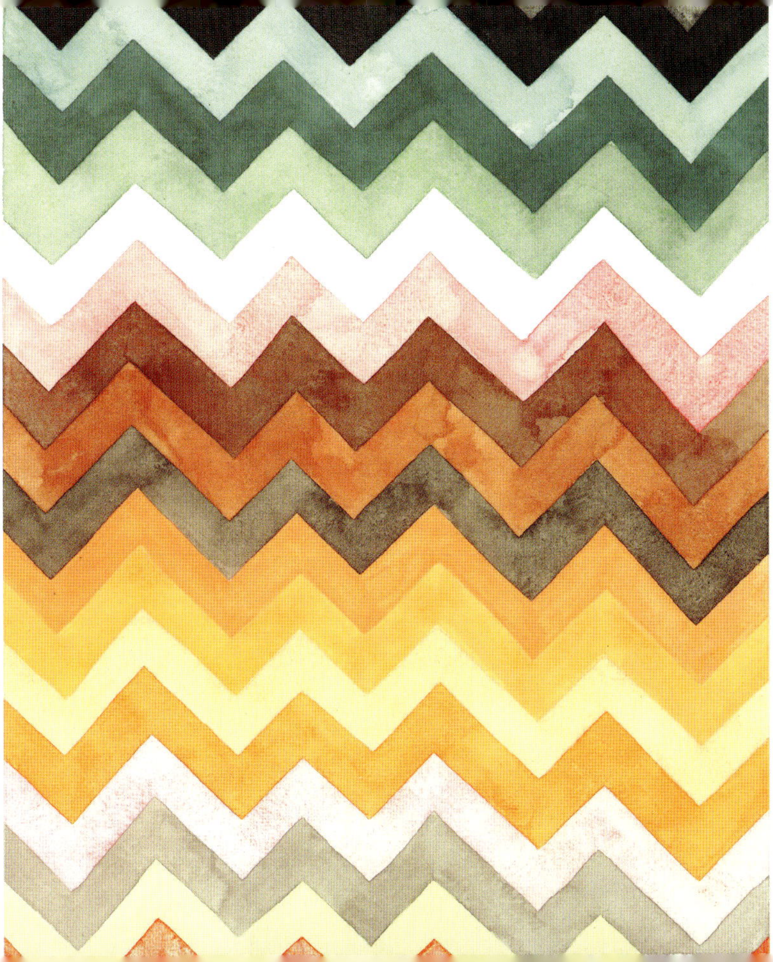

Pintar manchas con forma de flor

Lourdes Sanchez

La fluidez de la que hace gala esta pintura hecha a base de tintas, *Ghost Flowers,* ejemplifica la técnica de húmedo sobre húmedo en la que se emplea agua en cantidades generosas para lograr unos efectos libres y experimentales. Para conseguir un resultado de este tipo resulta crucial la preparación. Es esencial que dispongas de un papel de buena calidad y alto gramaje que tolere tal cantidad de humedad; un papel para acuarela prensado en caliente, al ser más liso, hará que tus colores fluyan mejor. Ten a mano mucha agua, esponjas y servilletas de papel.

Ten en cuenta qué técnica vas a emplear con el pincel. La manera habitual de sostener el pincel es en diagonal respecto al papel (el método occidental). Prueba el método oriental de sujetar el pincel en vertical, de modo que quede en ángulo recto respecto al papel. No cargues la tinta directamente del frasco, sino que intenta mezclar previamente los colores. Para eso necesitarás una paleta; las que tienen huecos profundos van mejor para trabajos con mucha agua. Todas las tintas de colores pueden mezclarse, pero conviene ser selectivo.

Truco Si quieres trabajar en una superficie completamente lisa, tensa el papel. Cualquier distorsión que presente la hoja puede dar lugar a que la acuarela forme "charcos".

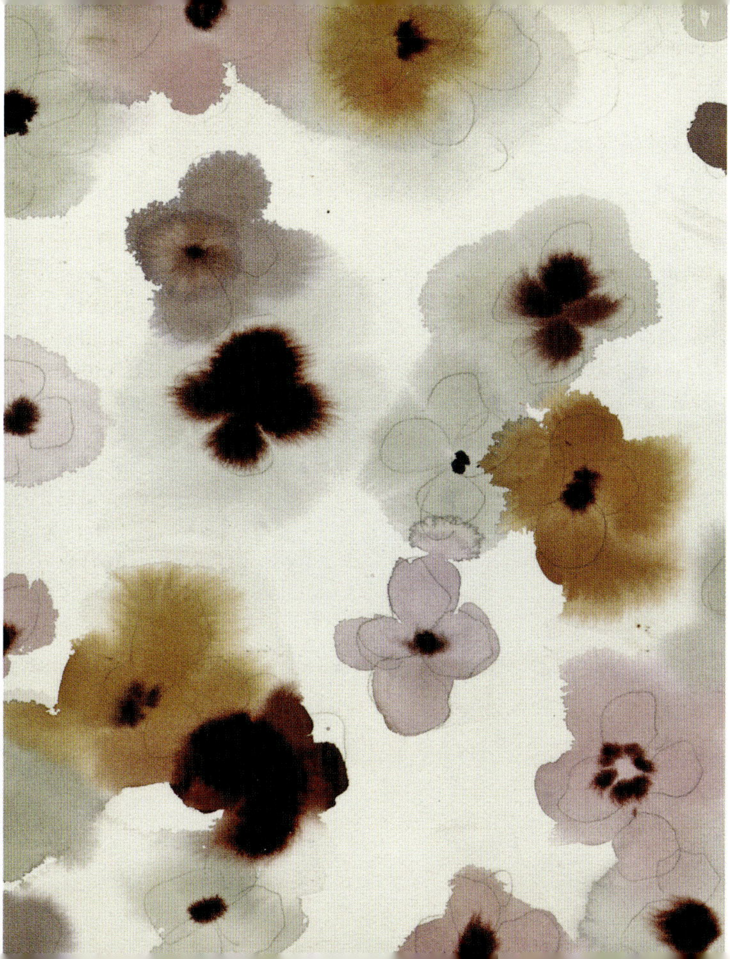

Crear fusiones de color

Simona Dimitri

Varios lavados de color turquesa y grandes cantidades de agua componen el fondo de esta ilustración, *Our Wood*. Primero se aplicó un lavado turquesa pálido a todo el fondo, con franjas verticales en verde y en azul que se funden con su acuoso entorno. Antes de que se secase del todo se añadieron con pincel plano unas diagonales levemente inclinadas de un azul verdoso algo más oscuro. Los emborronamientos y las fusiones de color aportan profundidad a la escena boscosa. El árbol de primer plano, que la artista contemplaba desde su ventana, constituye un elemento dramático en la ilustración al atravesar todos los tonos turquesa más claros. Se pintó mezclando el fondo turquesa y con el mismo carmesí de los tejados de las casitas para pájaros. Las propias aves son también una exploración de esos cambios graduales de color.

La armonía cromática sirve para unificar la imagen, y lo mismo hacen una serie de círculos, puntos, motitas y salpicaduras, que actúan como sutil contrapunto de las potentes líneas de la imagen dentro de cada zona de color; por ejemplo, los puntitos turquesa pálido del tronco o los más oscuros que se distribuyen entre el follaje. También se ha empleado un poco de acrílico blanco con el fin de definir mejor las casitas para pájaros.

Truco Otra manera de conseguir un efecto de puntos o moteado en una superficie pintada es mezclar previamente la pintura con un poco de goma arábiga. También se puede salpicar, verter o rociar agua limpia sobre un lavado ya seco: al retirar el agua quedará al descubierto el color de papel.

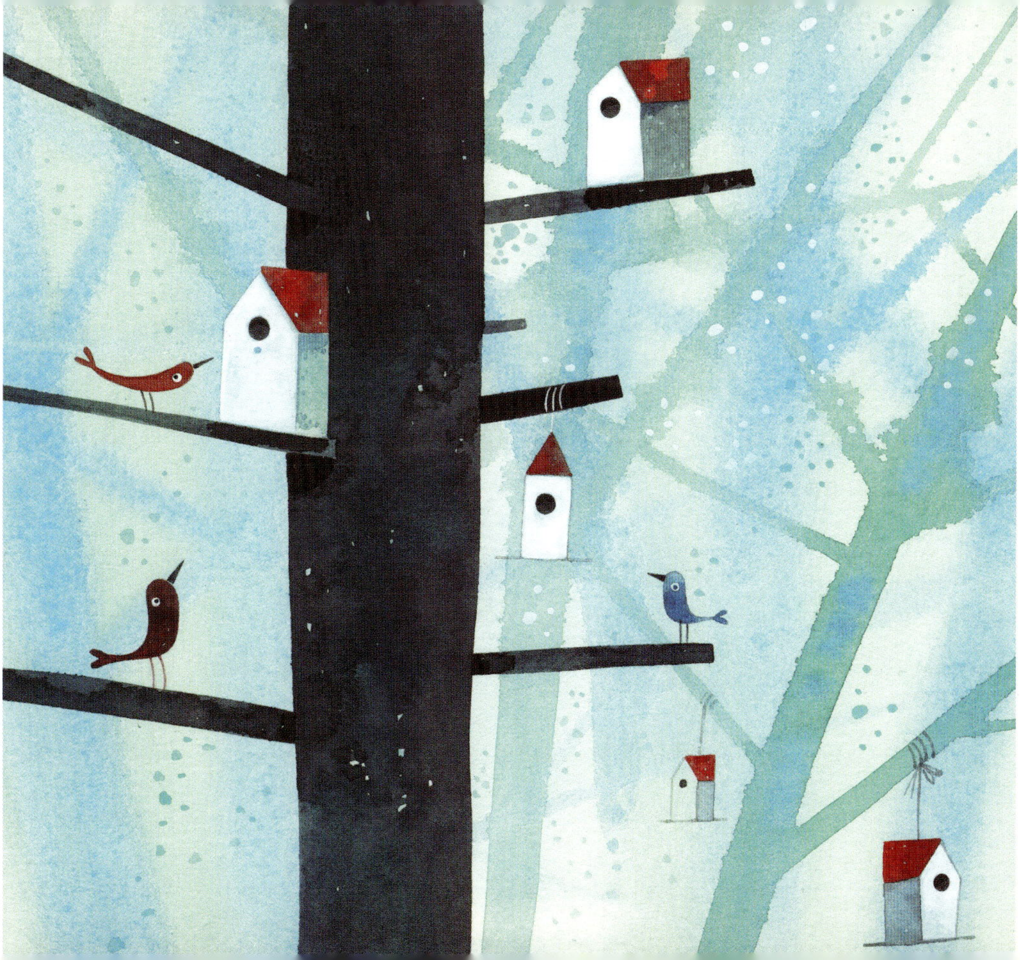

Pinceladas delicadas

Emily Watkins

Watkins es una de las pocas artistas que aparecen en este libro que no emplea papel especial para acuarela en sus pinturas. En lugar de eso, prefiere combinar una técnica de pinceladas en húmedo sobre seco encima del boceto a lápiz con un papel de dibujo de textura fina. Este papel presenta una superficie ligeramente granulada, lo que lo hace ideal para trabajar con materiales secos como grafito, carboncillo y pasteles.

Esta obra, *Garden*, se creó para una exposición colectiva estival titulada "Explore". Un grupo de artistas trabajaron codo con codo en un estudio-galería abierto al público, invitando a los visitantes a entablar conversación con ellos. Formar parte de un grupo así es una buena manera de mostrar el trabajo en curso, de compartir ideas y ganar confianza.

El formato circular, combinado con la atención que la artista pone en los detalles y su manera de representarlos con finas pinceladas, generan la impresión de un mundo microcósmico. Todo se ha pensado detenidamente y se identifica con claridad, aunque los elementos no estén necesariamente proporcionados unos respecto de otros.

Truco Estos trabajos tan detallados pueden pintarse con los pinceles de numeración más baja. Curiosamente, también pueden trazarse líneas finas con pinceles redondos más grandes; por ejemplo, con la punta de un buen pincel de marta. Por eso no hay que dejar los pinceles sumergidos en agua demasiado tiempo: se les estropea la punta.

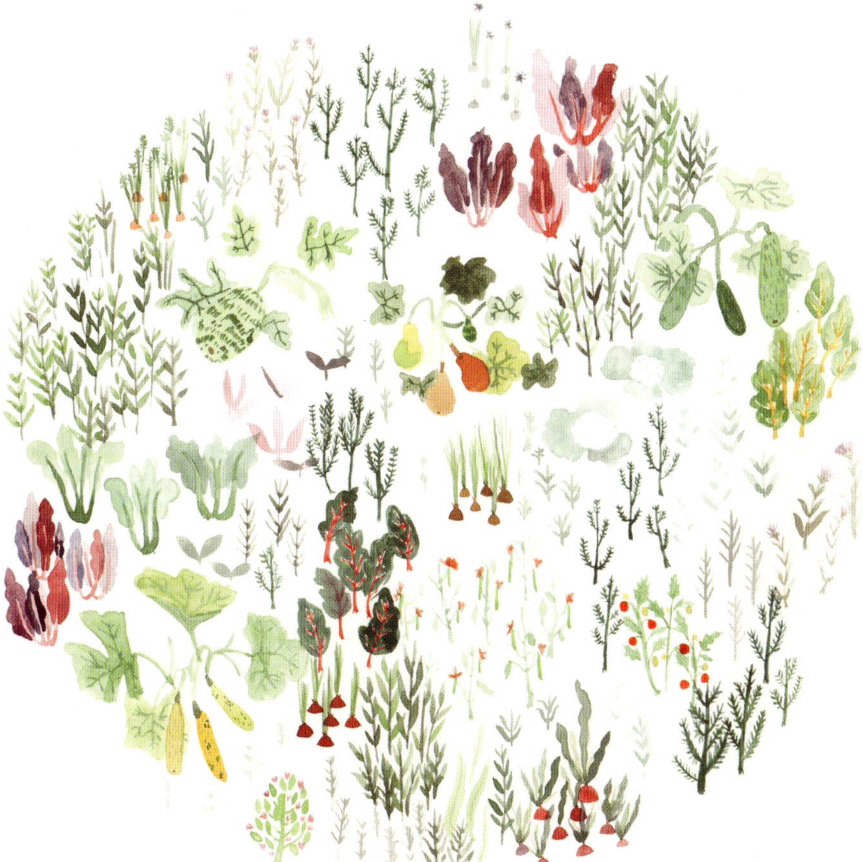

Paisaje por piezas

Kamilla Talbot

Con sus 229 × 223 cm, esta es la acuarela de mayor formato de las que aparecen en este libro. Su ambiciosa escala cuasimural expresa el deseo de la artista de que la ilustración fuese una obra en la que "uno pudiera adentrarse". Ya había pintado esa misma escena varias veces, por lo que estaba familiarizada con ella.

Este gran paisaje por piezas, titulado *Kimmel Road*, se elaboró a la intemperie, lo cual no es habitual. La autora distribuyó en el suelo, frente a ella, doce hojas de papel y puso dos caballetes, uno para sujetar la paleta y el otro para ir colocando las hojas de papel. Un trabajo de estas dimensiones exige bastante reflexión previa. La artista había trazado antes bocetos de la composición en cada una de las hojas de papel (aunque en la versión final no usó como guías esos trazos a lápiz), que la ayudaron a la hora de tomar decisiones compositivas y cromáticas. También preparó con antelación una paleta de colores.

Para pintar a esta escala, los pinceles tienen que ser también de gran tamaño. Las dimensiones de los pinceles que se han empleado aquí ponen muy de manifiesto la dirección de las pinceladas, cuyas idas y venidas parecen adquirir más consistencia física a este tamaño. La pintura se aplicó en húmedo sobre húmedo y húmedo sobre seco, aunque en esta obra la acuarela no cubre totalmente el papel, al que se le ha otorgado también un rol protagonista.

Truco Se pueden crear trazos y efectos de lo más variado si se emplean pinceles no específicos para acuarela. Prueba a usar también pinceles distintos en tus trabajos de acuarela de pequeño formato.

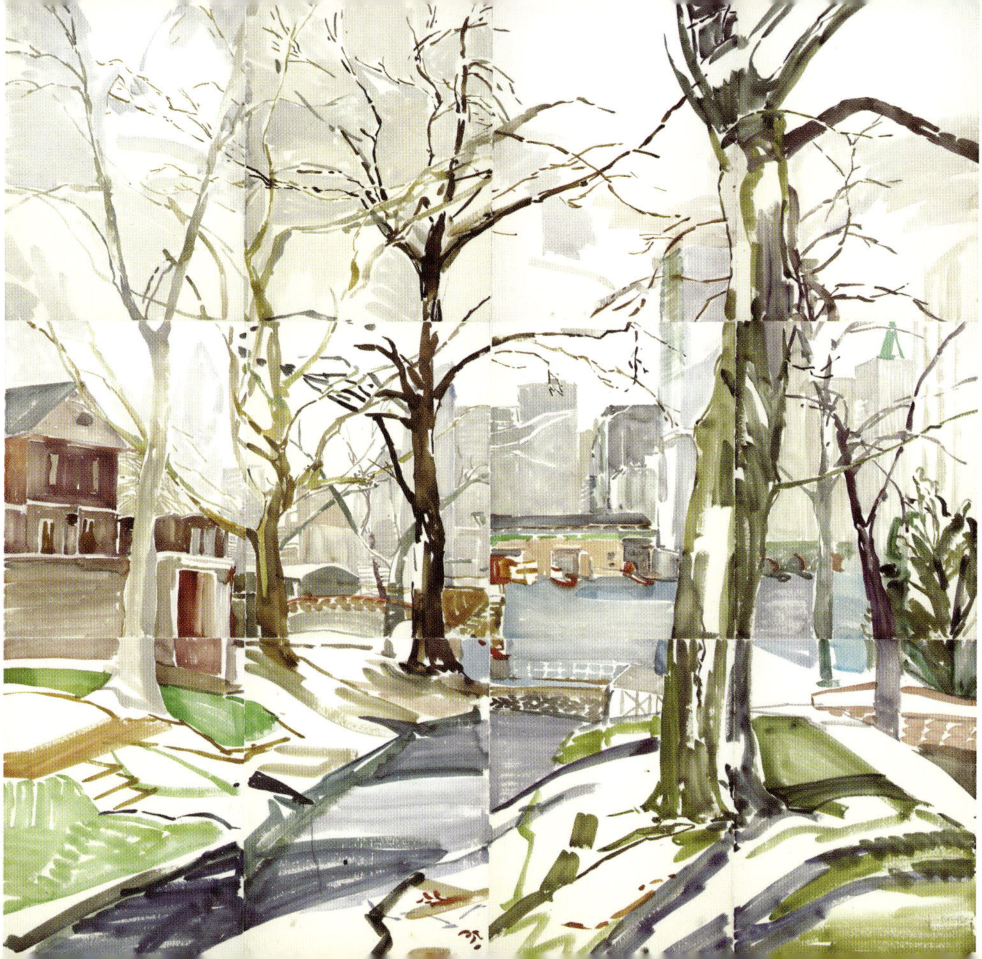

Pintar objetos domésticos

Ana Montiel

Muchas veces un armario de la cocina o un estante olvidado son sitios ideales para encontrar motivos que pintar. En esta pieza, *The Magical Cupboard*, la artista se ha servido de su colección de tarros de vidrio desparejados y llenos de hierbas y especias para interpretar dibujos, colores y texturas. En esta pintura se combinan la observación y la experimentación con un toque de buen humor. Pero pese a su tratamiento aparentemente simplista, no todo es lo que parece. La ilustración se ha elaborado mediante una serie de técnicas de acuarela que se han reunido después mediante collage. Habría resultado muy complicado combinar todas estas técnicas en una sola hoja de papel, así que se optó por la técnica del collage, que permitió a la artista probar diversas combinaciones antes de llegar a la composición final.

Las técnicas de acuarela que se han empleado son: aplicar puntos de pintura sobre el papel humedecido o empapado (fíjate en cómo los puntos amarillos y malvas se solapan unos con otros), añadir rayas o toques de pintura sobre la superficie seca, superponer colores para crear distintos matices (se ven en el tarro de anís estrellado, abajo a la derecha) y rociar y salpicar pintura con la ayuda de un cepillo de dientes. Se han añadido puntos y trazos de tinta para aportar más nitidez. El tarro de burbujas le da un toque colorido e inesperado a la imagen.

Truco Puedes hacer un collage con imágenes pintadas en hojas distintas, manipulándolas de manera digital o empleando tijeras y cola como se ha hecho tradicionalmente.

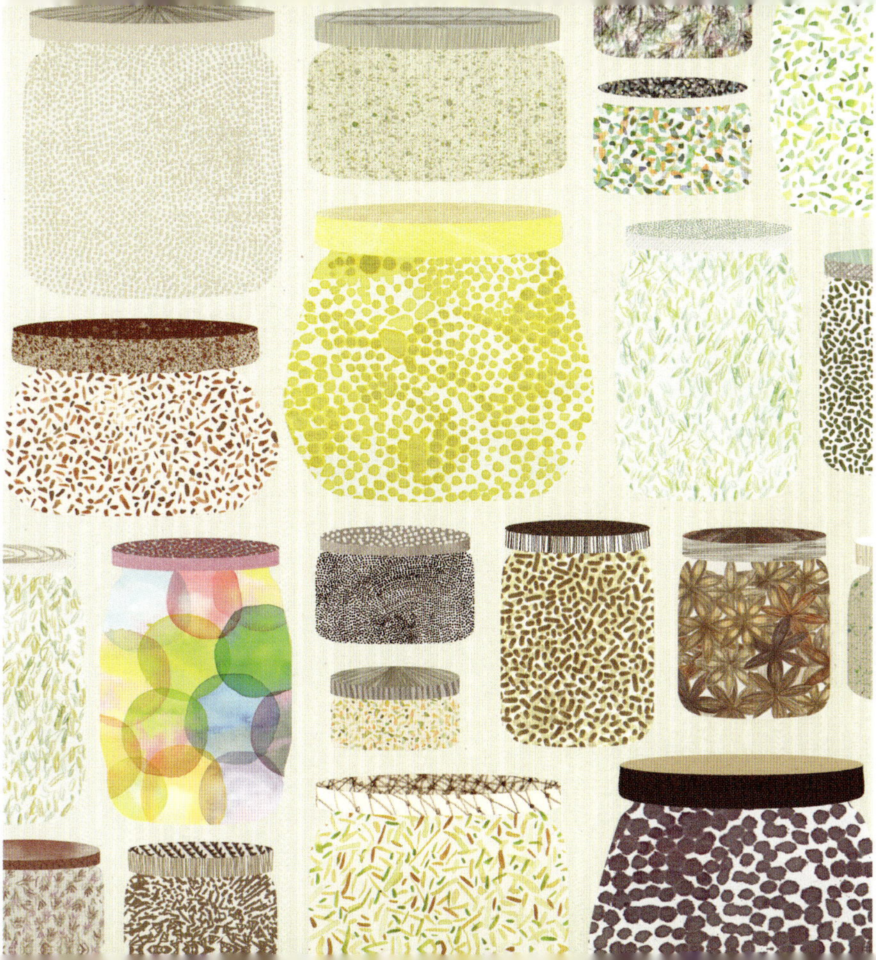

Pinceladas rápidas

Arthur Kvarnstrom

Varios de los paisajes a la acuarela que mostramos en este libro, incluido este, se pintaron *in situ*. Un rasgo que los caracteriza y que impresiona son sus pinceladas. Trazos, puntos, rápidas florituras y gestuales diagonales cruzadas llenan el papel. La energía que trasluce este método de pintura es evidente y la confianza que exige deriva de estar familiarizado con el paisaje que se va a representar. En este caso, el artista había visitado el lugar con frecuencia durante varios años.

La espontaneidad de esta pintura, titulada *Autumn Trees*, es obvia. El autor trabaja en varias ilustraciones a la vez y de ese modo se asegura de no encariñarse con una de las pinturas más que con las demás. Su objetivo es desarrollar una suerte de taquigrafía de pinceladas, estilizando el paisaje hasta las formas más sencillas y empleando el color de manera poco convencional. Con su estilo impresionista logra plasmar la sensación de cómo capta las cosas nuestra mente y no solo nuestra mirada. Para producir una buena variedad de trazos expresivos y fluidos se puede emplear un pincel "redondo" de buena calidad (en realidad tiene forma de lágrima). En la parte central de este tipo de pinceles, donde se ensancha el haz de pelo, es donde se almacena la pintura. Estos pinceles reaccionan a cualquier mínimo cambio en la presión o el ángulo aplicados, lo que permite trazar pinceladas de muy diversas clases.

Truco El pelo o la fibra de un pincel redondo determinan la cantidad de pintura que es capaz de retener y también la capacidad de recuperar su forma original después de usarlo. El pelo de marta es el de mayor calidad, aunque existen excelentes pinceles que combinan pelo natural y sintético.

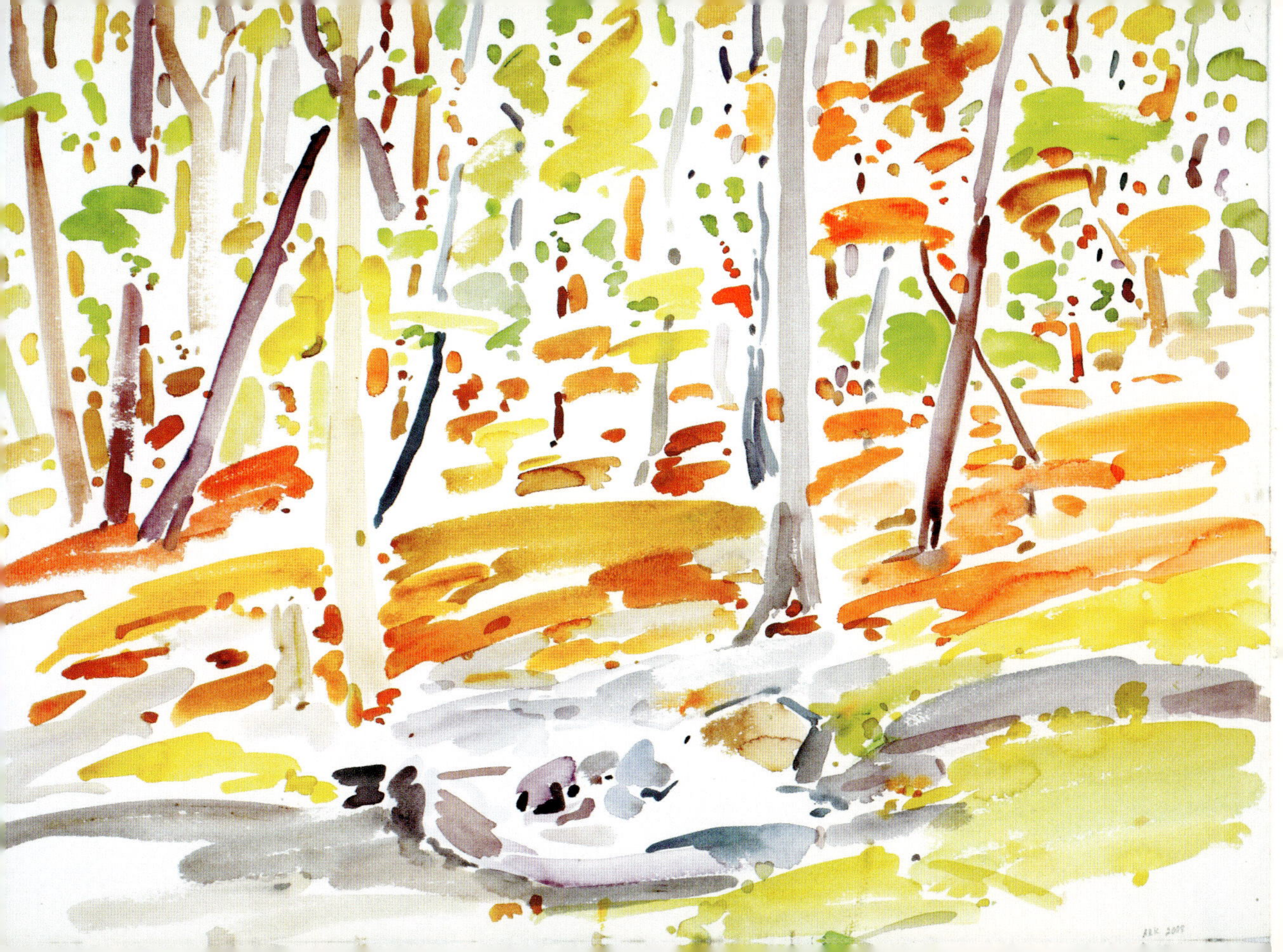

Ilustración al estilo botánico

Gabby Malpas

Esta detallada acuarela, *Gum Leaves*, nos transmite información de manera parecida a como lo hacen las ilustraciones botánicas. Por ejemplo, el espécimen (dos ramas de eucalipto) está pintado contra un fondo liso para no distraer al espectador. Este uso de la acuarela es reminiscente del trabajo de los naturalistas, que históricamente la emplearon para documentar plantas; esta ilustración enlaza con esa tradición.

Presentar un motivo de un modo tan naturalista exige una observación muy minuciosa. Antes de empezar a aplicar pintura sobre el papel, la artista lo dibujó todo a lápiz, lo que después le permitió trabajar más rápido con la pintura y le garantizó dar fluidez y frescura a la imagen y no trabajarla en exceso. Empleó una técnica de húmedo sobre húmedo de manera controlada, dejando que los azules y los verdes se fusionasen en forma de lavados variegados y que absorbieran algo del carmesí, todavía húmedo, que se había pintado antes con un pincel fino. También salpicó con sutileza por toda la imagen unas gotas de esos mismos tonos rojizos. Hasta que se hubo secado todo bien no borró con sumo cuidado todos los trazos del lápiz.

Truco Se puede emplear un cepillo de dientes para conseguir un efecto de rociado fino. Cuida de no cargar mucho de pintura las cerdas del cepillo, sujétalo a poca distancia del papel y pasa el dedo suavemente a lo largo del cepillo. Ten en cuenta que puedes lograr un efecto más sutil si aplicas la pintura en un papel humedecido. Lo mejor es que practiques antes en papeles que vayas a desechar.

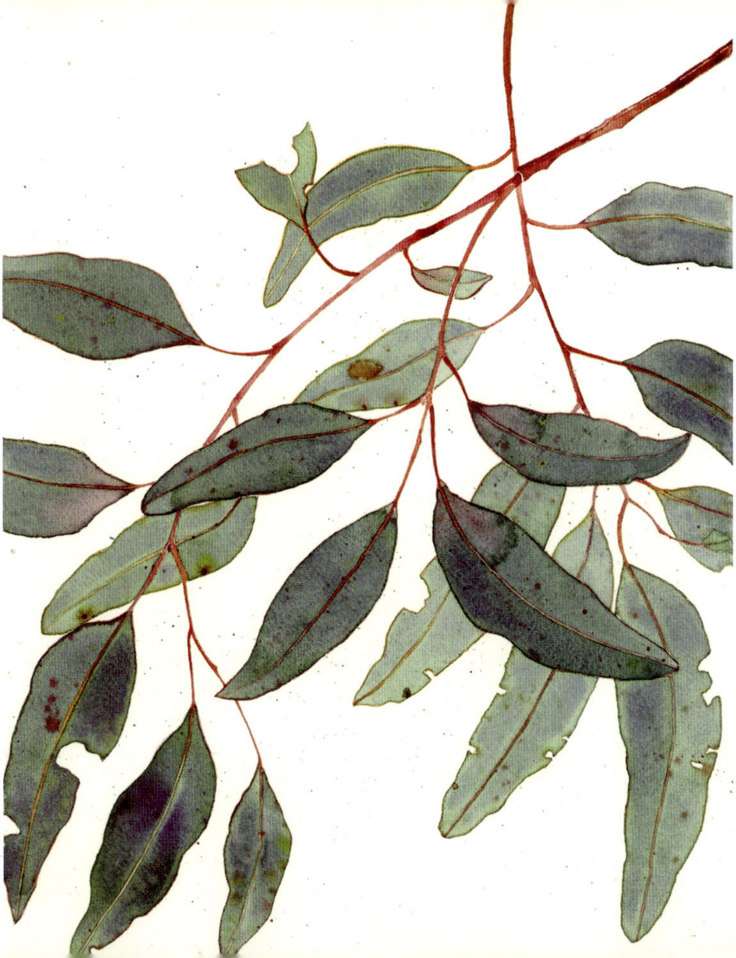

Pareidolia

Liam Howard

Esta pintura, *Blue Tilt*, aprovecha el fenómeno conocido como *pareidolia*, una tendencia que tenemos los humanos a encontrar figuras reconocibles en formas indefinidas (por ejemplo, ver animales o rostros en las nubes). El autor ha dejado fluir libremente la pintura con mucha agua y después ha "encontrado" formas en la imagen que más tarde ha transformado en el pájaro posado en su rama.

Para crear el fondo de color empleó una combinación de tintas azul y negra que en primer lugar vertió, roció y salpicó sobre un papel grueso para acuarela muy empapado y que después dejó que se mezclasen. Usó agua del grifo sin filtrar, lo que originó que la tinta se descompusiera y crease un efecto parecido al de la granulación. Una vez se hubo secado del todo este fondo, dibujó el estampado de plumas del fondo con un rotulador de punta fina. Por último, añadió el ave con pintura acrílica sobre la rama, para la cual aprovechó una de las manchas del lavado inicial de tintas. Para redefinir algunas partes absorbió parte de la pintura con un trapo o una esponja.

Truco Se puede "levantar" la pintura con la ayuda de un pincel, papel secante o una esponja. Esta técnica permite corregir errores o eliminar pintura para obtener tonos más claros.

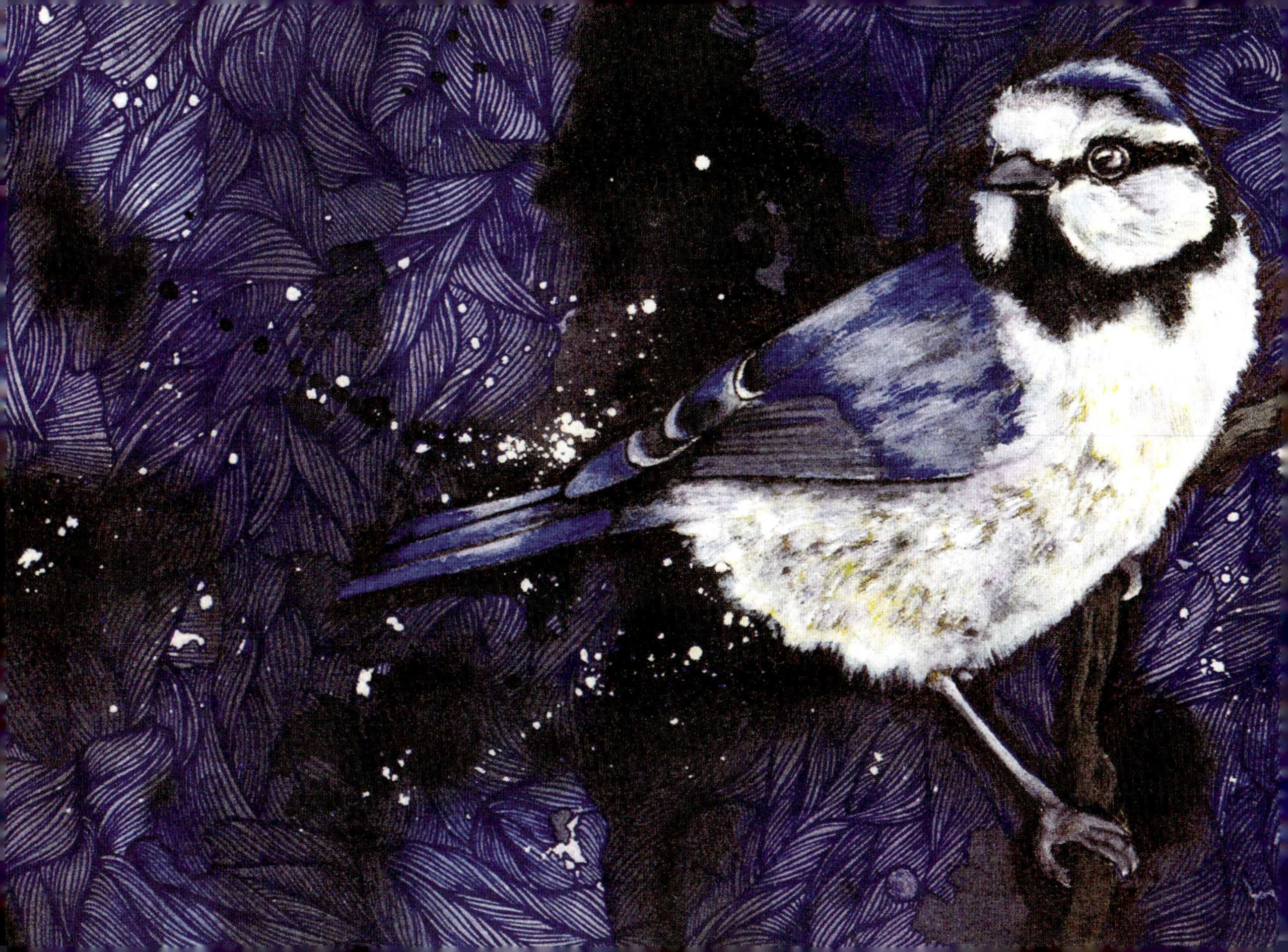

Manchar el papel

Misato Suzuki

Esta innovadora ilustración a la acuarela, *Paris #2*, tiene como motivo los tejados de París y en ella se ha empleado una combinación de estampación por transferencia, manchado del fondo y superposición, que resulta en un estilo y una ejecución sorprendentes. Si observamos de cerca los elementos azules, por ejemplo, veremos que se trata de lo que parecen ser ramas y hojas de un árbol. Se pintaron en una hoja encerada de las que sirven de soporte a las etiquetas adhesivas (la que normalmente se desecha), que después se colocó hacia abajo sobre el papel y se frotó con cuidado para trasferir la tinta. La artista dibujó líneas a lápiz en el papel final para marcar la posición correcta de la estampación por transferencia.

Las zonas amarronadas-anaranjadas de la pintura se crearon también con un material poco convencional: café. El café y el té van muy bien para manchar el papel y, al igual que las acuarelas, para aplicar lavados de color. Un lavado variegado, mezcla de la tinta azul transferida y de una solución densa de café, da forma a ese cielo tan tormentoso y temperamental de la imagen. El modo en que se sale del marco de la imagen confiere al conjunto de la ilustración un aire irrefrenable. Con un pincel fino se trazaron las chimeneas de cerámica.

Truco El dibujo más lineal se puede trazar empleando diversos métodos: puede dibujarse al principio de todo con tinta indeleble para que al depositar las siguientes capas no se emborrone; puede hacerse al final con pintura al agua cuando las demás capas estén secas del todo, o puede superponerse mediante procedimientos digitales.

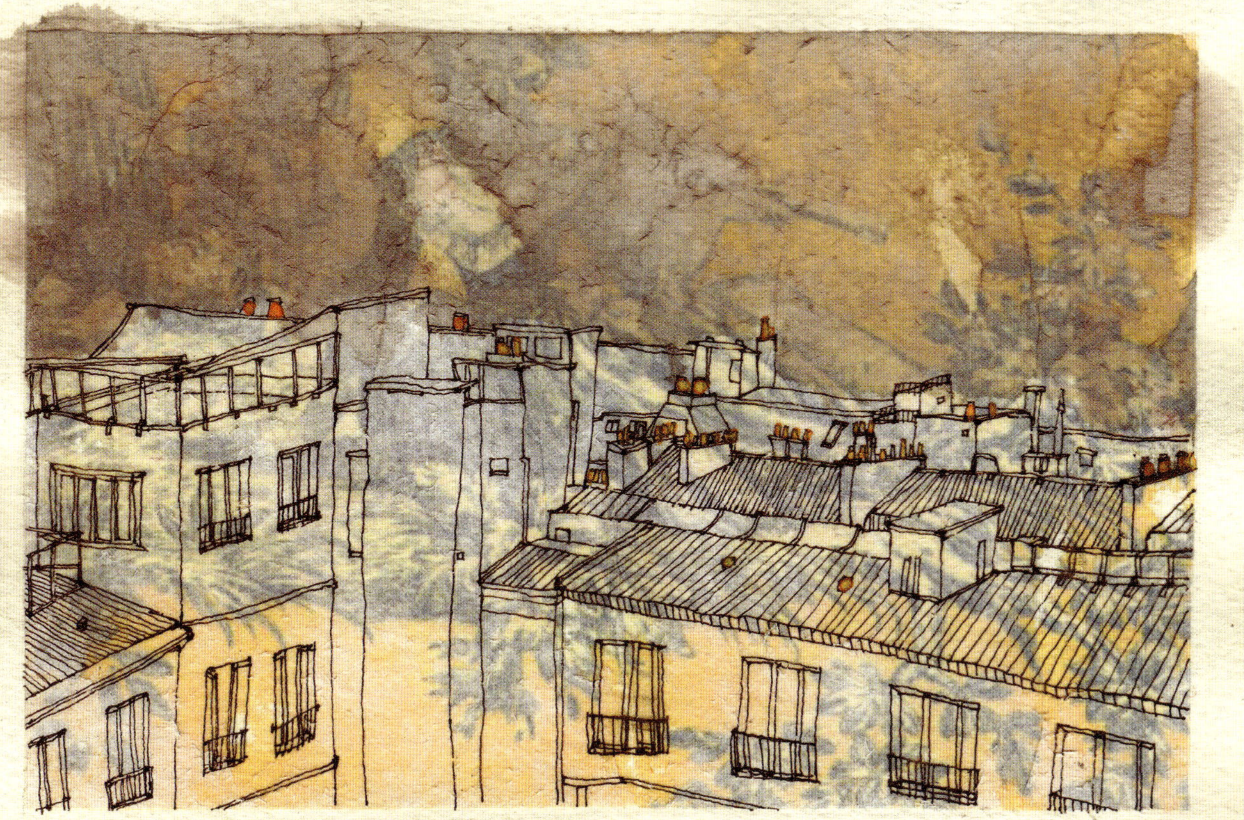

Crear una sensación de progresión

Sarah Burwash

Esta imagen nos embarca en un viaje. Está compuesta de tal modo que conduce nuestra mirada a lo largo de un camino sinuoso desde la parte inferior de la ilustración hasta la superior, aunque a primera vista no sea del todo evidente. Primero intentamos ver la imagen en términos de primer plano, plano intermedio y fondo, pero lo que no parece tener sentido de buenas a primeras es el tamaño de la casa. Su escala nos ayuda a darnos cuenta de que se trata de una imagen formada por varias escenas, que se van revelando a medida que avanza la historia.

La autora hace hincapié en la importancia que para ella tiene el estudio previo, en que lo que la empuja a crear obras como esta es hallar personajes e historias poco conocidas, sobre todo de épocas pretéritas. Emplea una técnica de pincel seco para aplicar delicadas pinceladas sobre papel blanco liso. El título, *The Fox Sisters*, remite a la historia de dos mujeres, nacidas en una pequeña comunidad rural de Estados Unidos, que se hicieron famosas en el siglo XIX como médiums. Los tonos terrosos (castaños, rojizos y marrones) crean un vínculo visual con el apellido de las mujeres (*fox* es 'zorro', en inglés). El refinamiento de los trazos posiblemente también evoca el carácter de las protagonistas.

Truco Emplear una paleta limitada puede ser un buen ejercicio de contención. Resulta sorprendente cómo puede ser más eficaz centrarse en unos pocos colores que emplear una profusión de tonos.

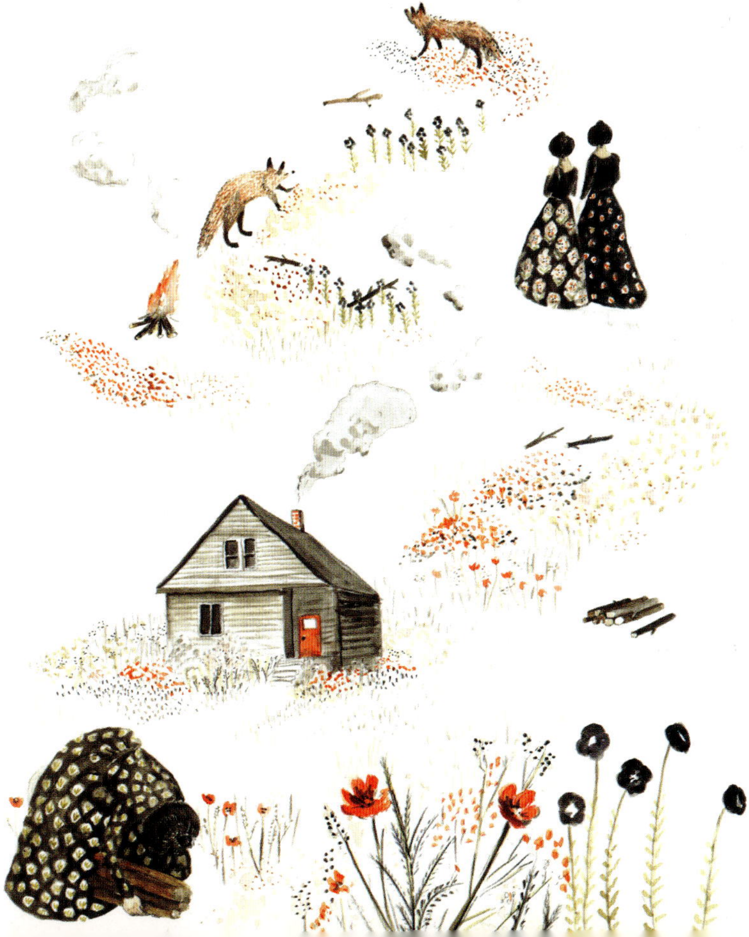

Generar movimiento

Sasha Prood

Esta pintura de un arrecife de coral, titulada *Sea Plants*, adquiere uniformidad merced a la armoniosa relación de los colores que la componen. Funciona muy bien su forma circular, autocontenida, que recuerda a un planeta. Las algas y las figuras coralinas emanan desde un punto central, sugieren crecimiento hacia el exterior y evocan movimiento. Las formas entrelazadas se estudiaron meticulosamente a partir de fotografías y vídeos de naturaleza. Se consigue dar la sensación de que las algas y el coral son auténticos organismos vivos que crecen, interactúan y se mueven mecidos por la corriente marina.

Esta pintura, tan compleja como bien planificada, se hizo mediante técnica de pincel seco, con un pincel redondo de buena calidad cuyo haz de pelo acababa en una punta muy fina, lo que permitió dibujar con precisión los trazos y los detalles más delicados. Las diferencias sutiles de color exigieron un uso meticuloso de la paleta. El papel de acuarela prensado en caliente facilitó el trabajo más fino de pincel al permitir un flujo suave y continuo de la pintura por su superficie.

Truco Los papeles prensados en caliente se pueden emplear para imprimir copias escaneadas de los trabajos. Su superficie lisa los hace idóneos para imprimir copias con calidad fotográfica. Conviene usar papel blanco brillante o natural para que el color se corresponda con el del original.

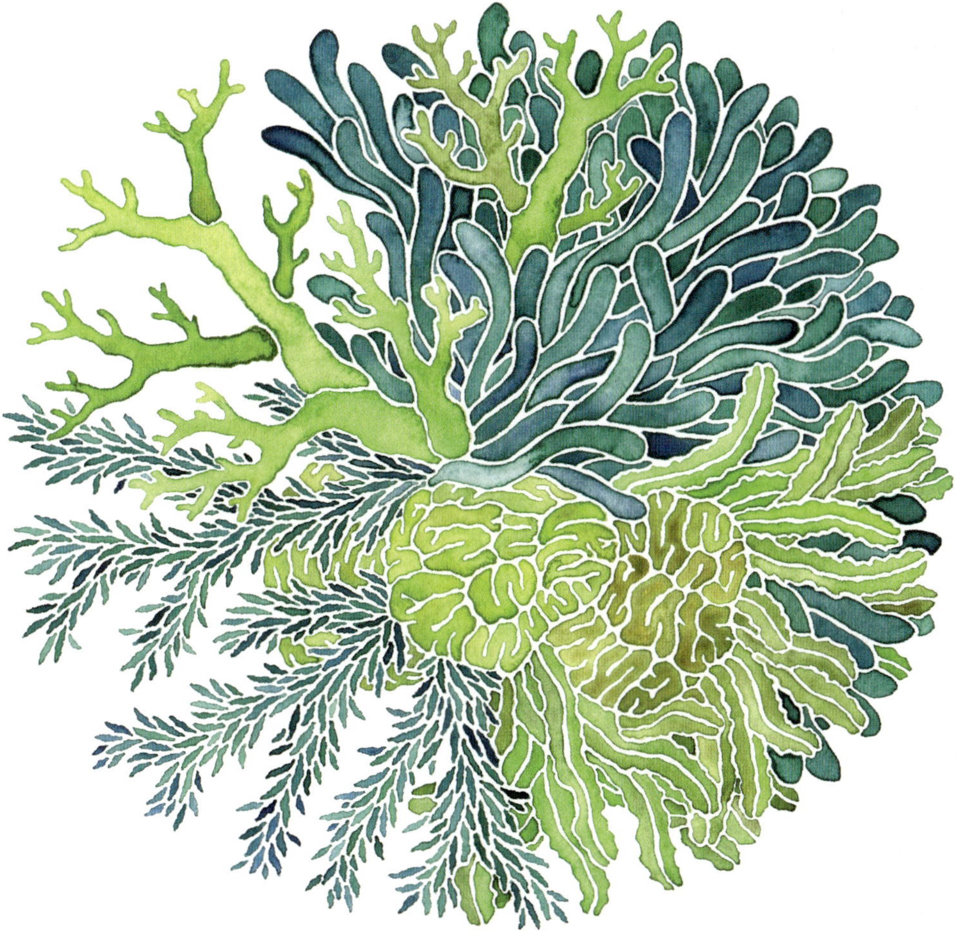

Ubicar la línea del horizonte

Simona Dimitri

A la hora de estructurar un paisaje, el horizonte es un instrumento crucial. Decidir en qué punto se van a encontrar la tierra y el cielo en relación con el conjunto de la composición puede apuntalar y dar solidez a una imagen. Esta pintura, *Red and Grey Thoughts*, presenta un horizonte insólitamente alto. La tierra se ha representado en forma de una serie de toscas franjas grises, más o menos paralelas al horizonte, mientras que el cielo es una tira estrecha de blanco, rota por las casas que se asientan sobre la tierra. Debido a la fluidez de la técnica utilizada en las pinceladas, se empleó un papel de algodón de buena calidad, que proporciona una superficie mucho más resistente. Se pasó por toda la página, previamente empapada, un pincel grande cargado alternativamente con azul de Prusia y negro en diversas intensidades.

Las manchas explosivas que se aprecian en los lavados del suelo se obtuvieron esparciendo sal sobre la pintura y eliminándola cuando se hubo secado todo. Después se añadieron los detalles: una niña, pájaros, gatos, flores con forma de corazón, motivos lineales, detalles arquitectónicos y un sendero sinuoso.

Truco Experimenta añadiendo distintos tipos de sal a tus acuarelas para ver cómo reaccionan los diferentes pigmentos. Piensa que el papel que hayas escogido también afectará al resultado.

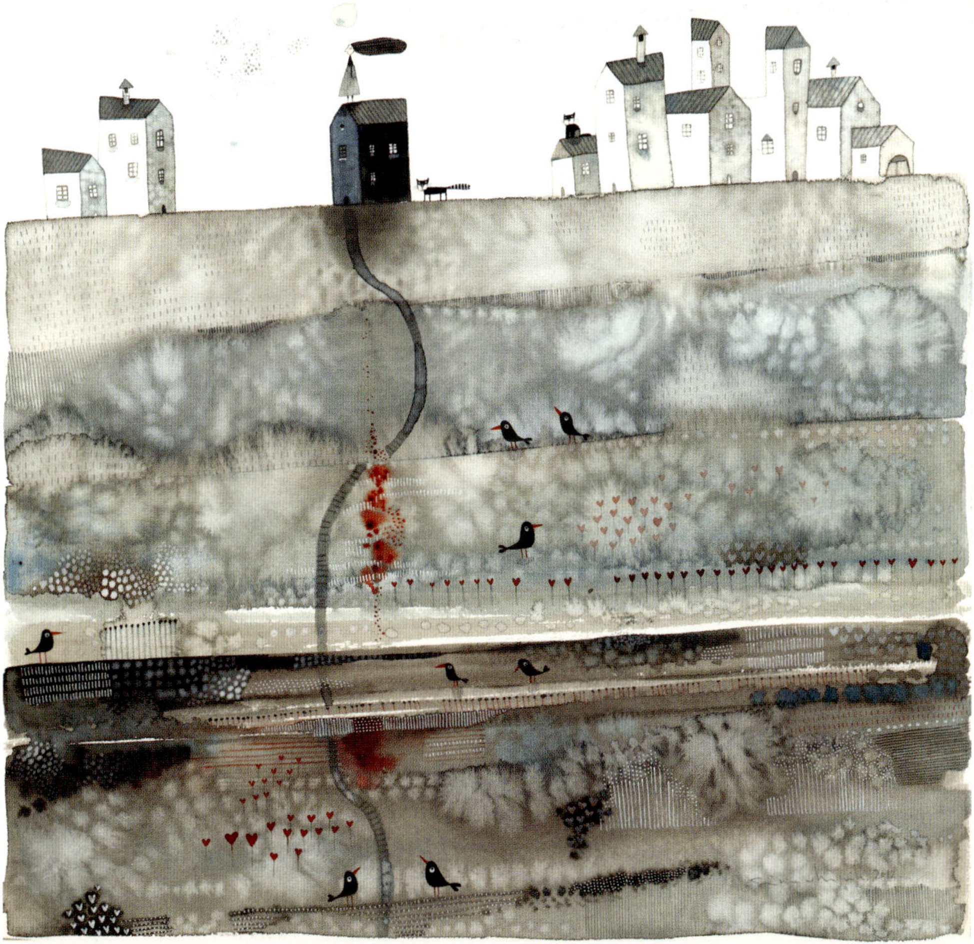

Tintas de colores

Stina Persson

Lo primero que destaca en esta pintura, titulada *Rosehip*, es la notable vivacidad de sus colores, que se logró empleando tintas líquidas (como las Radiant Concentrated Watercolor™ de la marca Dr. Ph. Martin's). Como cualquier otra tinta, pueden usarse directamente del frasco o diluirlas en agua. Conviene recordar que no toleran bien la exposición a la luz y deben emplearse solo en obras que se vayan a guardar, no a exponer. Si se exponen a la luz solar directa irán decolorándose con el tiempo.

Los rojos, naranjas y magentas vivos de los escaramujos que protagonizan esta ilustración brillan contra la blancura del papel Fabriano. La superficie se mojó parcialmente y se aplicó la tinta con pincel, de modo que los colores corriesen y se mezclasen unos con otros. Unos trazos sumamente tenues de lápiz proporcionaron cierta referencia para pintar. Donde se juntan los rojos y los verdes, que son complementarios, se generan sutiles transiciones de color que dan un precioso contrapunto al brillo intenso del resto de la imagen.

Truco Puedes usar un secador de pelo o una pajita de refresco para soplar los lavados de pintura, ya sea para juntar los colores o para separarlos. También funciona inclinar o volcar el papel.

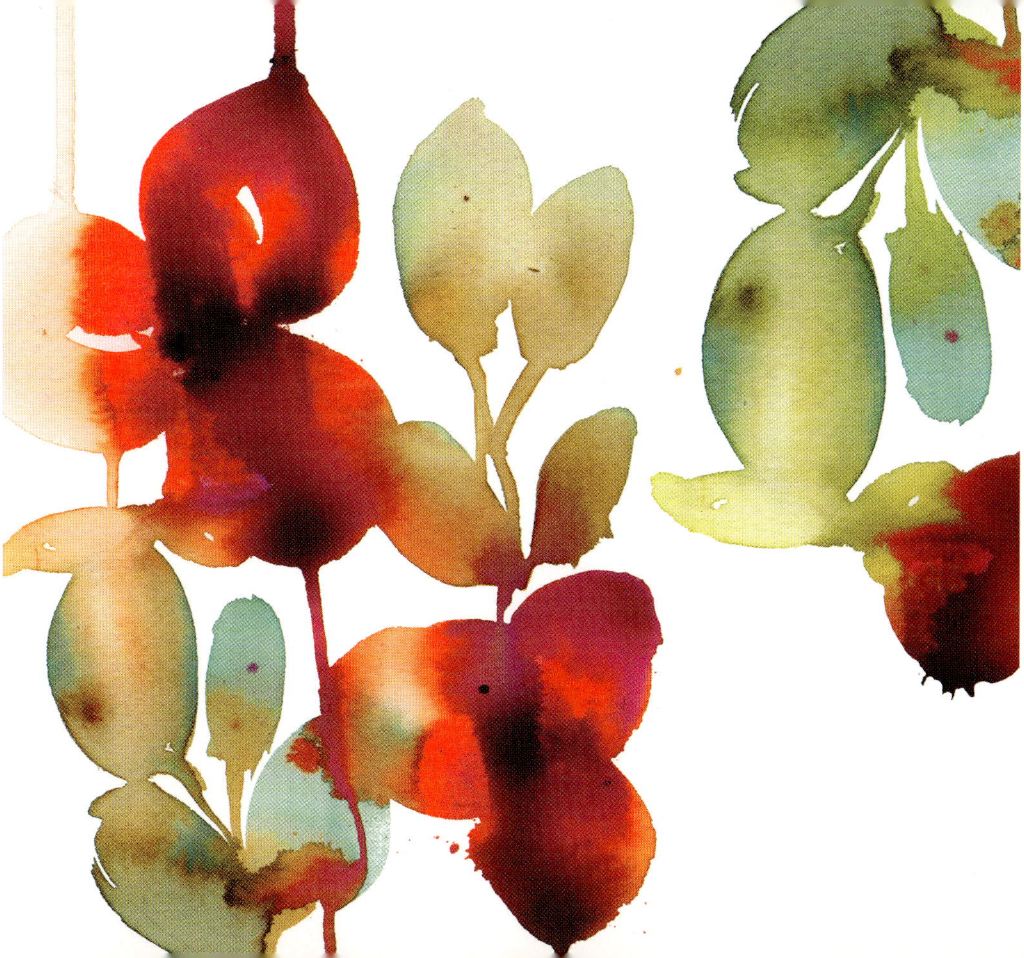

La influencia del color

David Hornung

Esta ilustración, *Red Skiff*, se pintó con gouache, una pintura más espesa que permite aplicar capas densas y opacas de color. Como demuestra esta obra, el gouache funciona muy bien sobre papeles de colores y fondos coloreados. La capa inicial de pintura, la que compone el fondo, es de un naranja cálido que confiere a la ilustración una atmósfera más densa y tórrida que si se hubiese dejado con fondo blanco.

Ese color de fondo se distingue claramente a través de la vegetación de la derecha de la imagen, en el bote, y, en forma de manchas, en la zona de hierba de primer plano. El verde de la hierba adquiere una tonalidad casi otoñal debido a ese naranja subyacente, mientras que la franja azul del interior del bote actúa como llamada de atención y tiene su eco en el azul de la piedra que aparece en primer término. Para concluir, unos cuantos añadidos en forma de collage realzan la imagen con zonas de color plano que aportan interés a una superficie por otra parte tan pictórica.

Truco Otros soportes recomendables para trabajar con este tipo de pinturas son el papel coloreado (incluido el papel para dibujo al pastel), los papeles gruesos artesanales, el cartón gris y cualquier otro papel de buena calidad que tenga algo de grano.

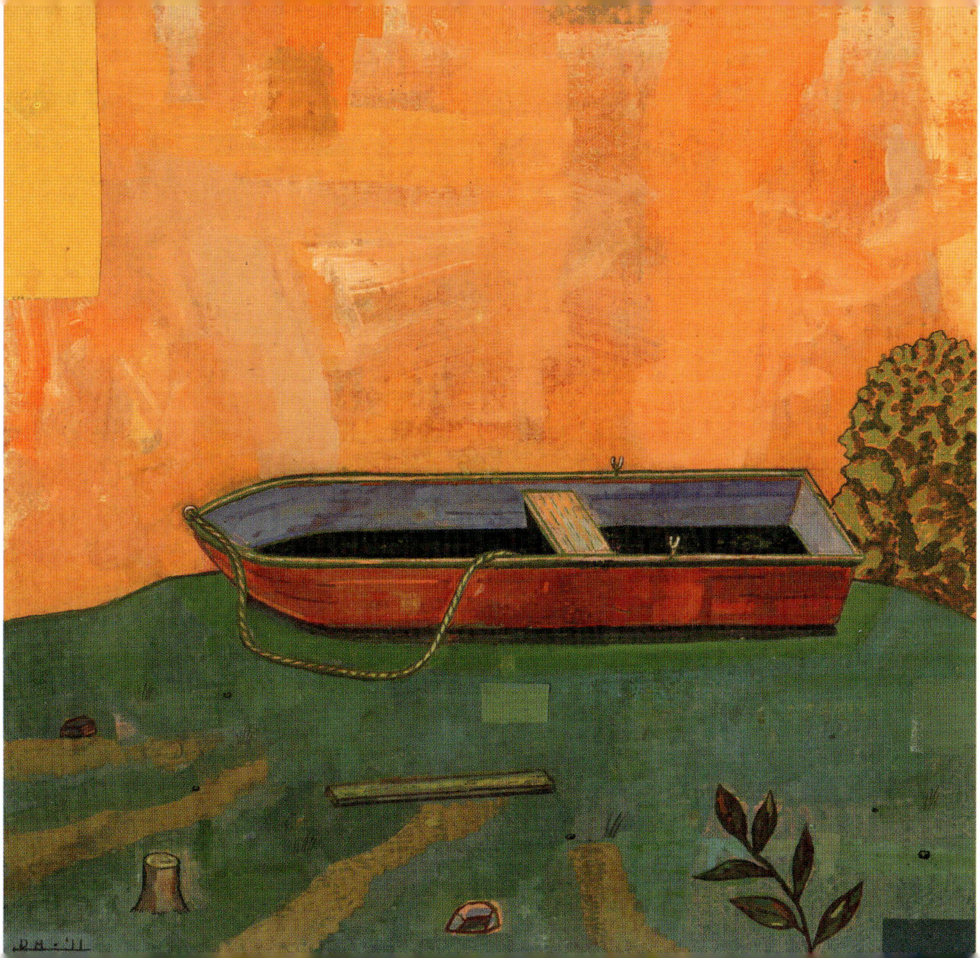

Partir de una base geométrica

Nuria Mora

A la hora de planificar una obra tan compleja como esta conviene disponer de un marco estructural que funcione como guía en la que basarse. En esta pintura, *Flores*, unas formas geométricas básicas proporcionan esa base. Se colocó un círculo justo en el centro del papel, dentro del cual se trazaron todas esas formas orgánicas tan fantásticas y complejas mediante una técnica de húmedo sobre seco con acuarelas y gouache. La acuarela se empleó para pintar con pincel fino las ramitas y zarcillos que sobresalen del círculo y definir los delicados detalles de las flores y las formas que recuerdan a plumas. Se usó gouache para generar la masa central de vegetación, que es de mayor tamaño, más robusta y más espectacular. Para lograr que los colores conservasen su brillo y su nitidez se dejó secar bien cada capa antes de añadir la siguiente.

Curiosamente, esta artista es famosa por producir obras de gran formato, como murales y trabajos tridimensionales en papel recortado para emplazamientos concretos. Este globo de color que recuerda a una enorme cesta colgante también parece haber sido creado a base de grandes recortes de papel. Destila confianza y resulta una obra ambiciosa en su complejidad. Se nota que ha sido bien planificada y ejecutada con soltura, de modo que el efecto final resulta natural pero diseñado.

Truco Plantéate recortar formas geométricas de pinturas y papeles coloreados variados con cúter o con tijeras. Compón los recortes en forma de collage. Pégalos definitivamente o manipúlalos y recolócalos para dar con nuevas ideas sobre las que trabajar.

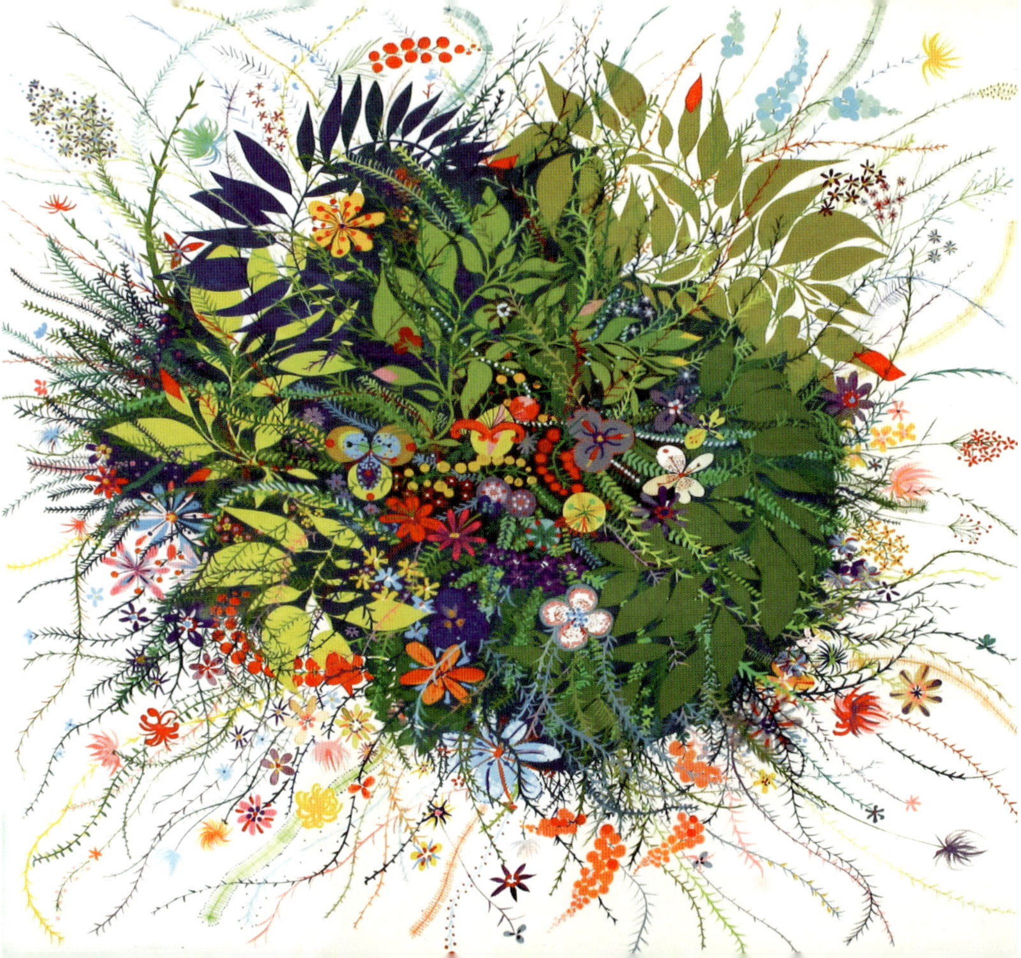

Emplear colores secundarios

Becca Stadtlander

El naranja y el verde, dos de los colores secundarios del círculo cromático, son los tonos predominantes en esta pintura al gouache titulada *Goats*. Ocupan cada uno una zona dentro del formato cuadrado de la composición, por encima y por debajo de la línea central. Con un pincel grande se dio una mano previa de verde claro a la parte superior del papel para representar el cielo y un tono más oscuro en la parte inferior para los campos (y como fondo general para los árboles). Aunque el verde no es el color más vivo o destacado en este caso, sí que actúa como unificador en la imagen.

Una vez se hubo secado del todo la primera capa, se aplicaron toques y trazos con un pincel más pequeño para dar forma a los llamativos árboles. Sus tonos anaranjados van desde los casi rojos hasta un rojo anaranjado terciario y un naranja pálido. Fíjate en cómo se han fusionado el naranja y el verde en las franjas diagonales del campo y en el follaje de tonos cambiantes, aunque no tanto como para que la imagen se vea emborronada. Se empleó un rotulador blanco de gel para dar los toques finales a las nubes que flotan sobre la escena rural y, lo que es más importante, para pintar las cabras.

Truco Es una gozada trabajar sobre la textura rugosa de un papel de trapos hecho de algodón cien por cien, que da un toque especial a las pinturas destinadas a convertirse en regalos. Sus fibras textiles también lo hacen más resistente y duradero que el papel corriente.

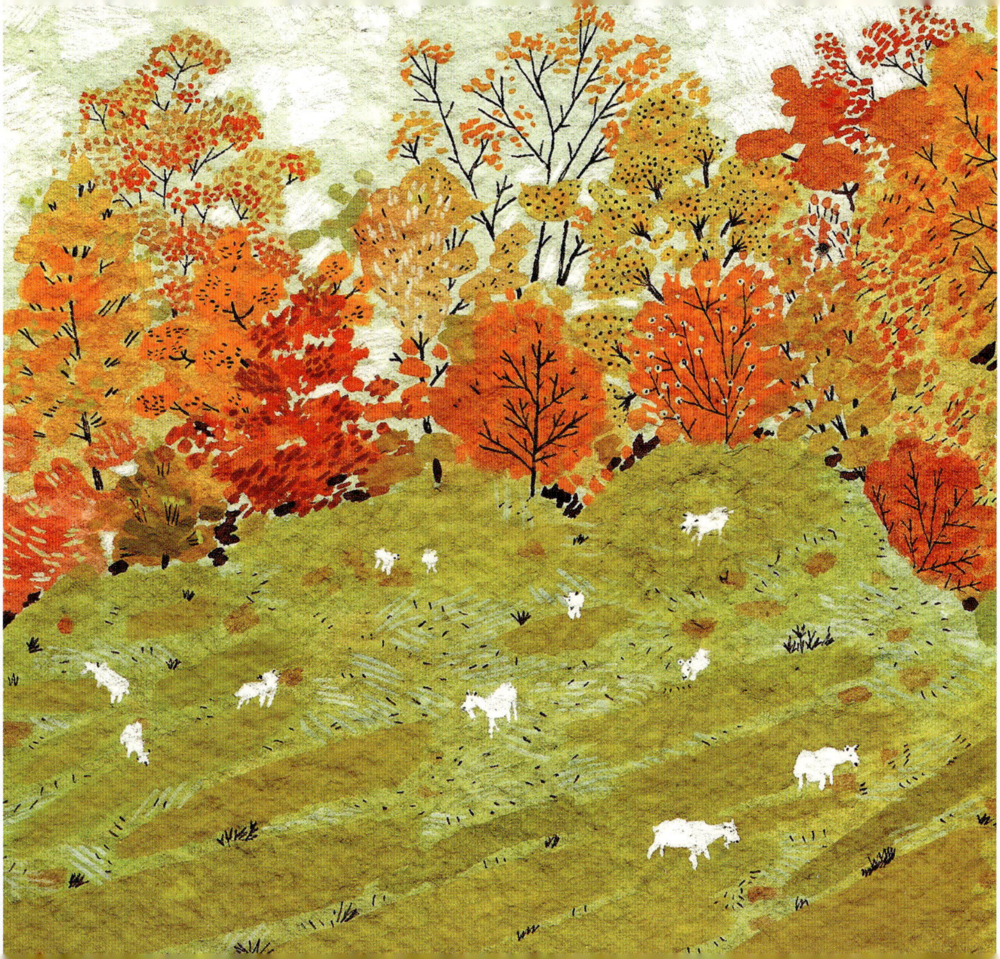

Una paleta de colores apagados

Kate Pugsley

La paleta apagada de grises de esta pintura, titulada *Seeker*, parece concordar con el estado de ánimo de la figura femenina, cuya mirada, pensativa y melancólica, parece perderse en la distancia. Los matices de su expresión corporal y de su rostro refuerzan esa impresión. Hasta los árboles y los arbustos parecen empatizar con la figura y se inclinan en la misma dirección que ella. Esta artista suele crear un discurso ambiguo, y esa paleta apagada de "cuasi color" contribuye a dar fuerza a la historia. La gama de colores es neutra y huye de cualquier salida de tono.

Esta apacible escena se ha pintado sobre una tabla de madera a base de muchas capas de húmedo sobre seco, que se depositaron con paciencia y detenimiento. Se empleó gouache para gran parte de la ilustración, lo que contribuye a darle un acabado plano y opaco, mientras que la pintura acrílica que también se usó para otras zonas pone más de manifiesto los detalles, como los trazos de pincel. Las grandes formas redondeadas de la vegetación que hay al fondo se complementan con el trabajo de finas pinceladas de las plantas que están a nivel del suelo. La figura está compuesta con la misma técnica, pero los tonos sutilmente cálidos de su cuerpo y su cabello la alejan algo de los colores fríos de su entorno.

Truco Para trabajar por capas con más facilidad, o para hacerlo en otro tipo de superficies (que no sean papel), prueba el gouache acrílico. Es como el gouache convencional, pero el aglutinante acrílico lo hace resistente al agua cuando se seca.

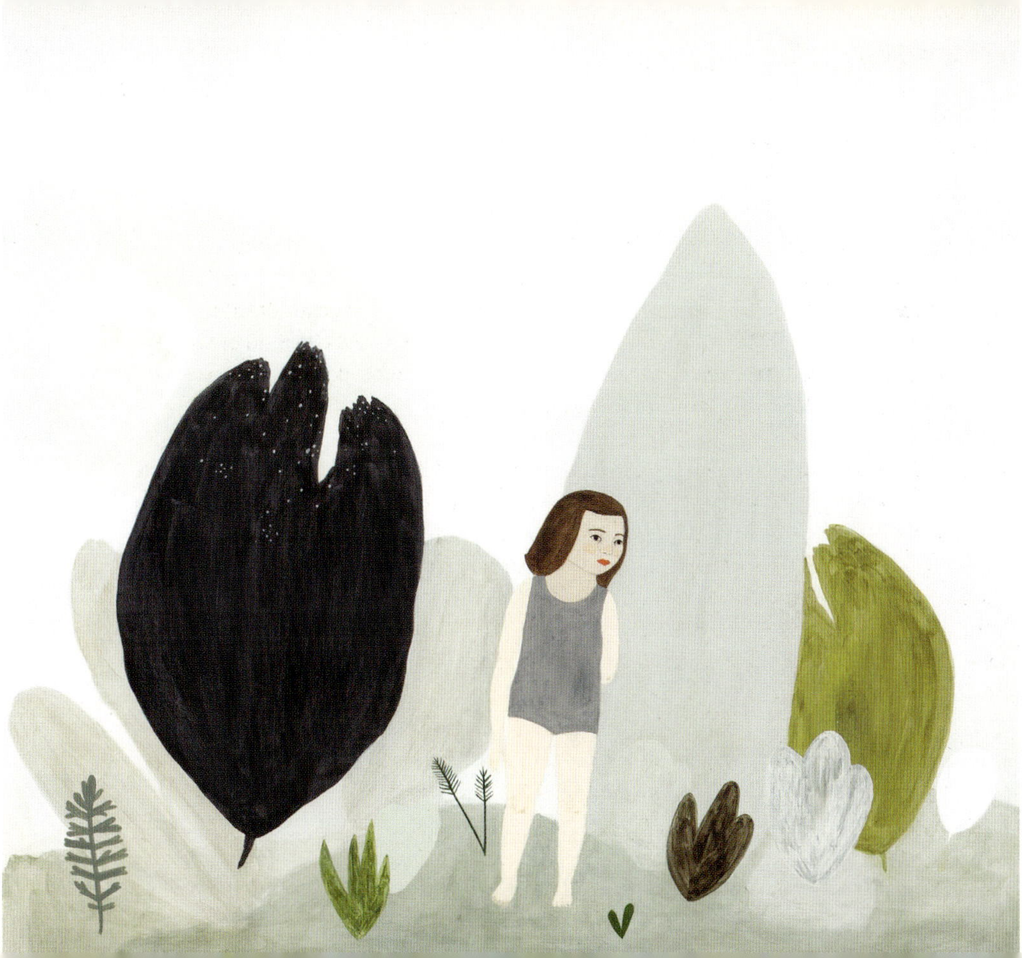

Pintar a partir de fotografías

Peggy Wolf

No me gusta demasiado la frase "Espera a que te llegue la inspiración". Opino que es mucho mejor salir a buscarla. La artista encontró la inspiración para elaborar estas pinturas (de izquierda a derecha: *Sophie*, *Isabella*, *Mirando* y *Growing Leaf*) en la fotografía de moda. Las imágenes resultan llamativas por varias razones: las poses, el encuadre, la composición y las miradas de las modelos, dirigidas o no hacia nosotros. Todos estos elementos vinieron determinados por las fotografías que escogió la autora para emplear como referencia a la hora de pintar.

Empezó todas las ilustraciones pintando con acuarelas translúcidas sobre un papel grueso. La potente iluminación de estudio de las fotos de moda originales brinda un buen contraste entre luces y sombras. En todos los retratos se puede identificar la dirección de la luz. Las zonas más iluminadas se han dejado sin pintar: el blanco del papel se encarga de ello. Las sombras de las caras, los cuellos y los hombros, pintadas en húmedo sobre seco, exhiben una amplia gama de tonalidades. La ropa se pintó en húmedo sobre húmedo, dejando que los colores se mezclasen unos con otros para imitar el aspecto de los estampados textiles. Los vistosos fondos monocromáticos enmarcan y realzan las figuras, y el maquillaje de las modelos se ha exagerado para generar más impacto visual.

Truco Si quieres añadir detalles a una imagen pintada en húmedo sobre húmedo, deja que se seque del todo antes de aplicar más pintura para definir cualquier zona. La técnica de húmedo sobre seco tiene que ser exactamente así; de lo contrario, la imagen perderá toda definición o contraste.

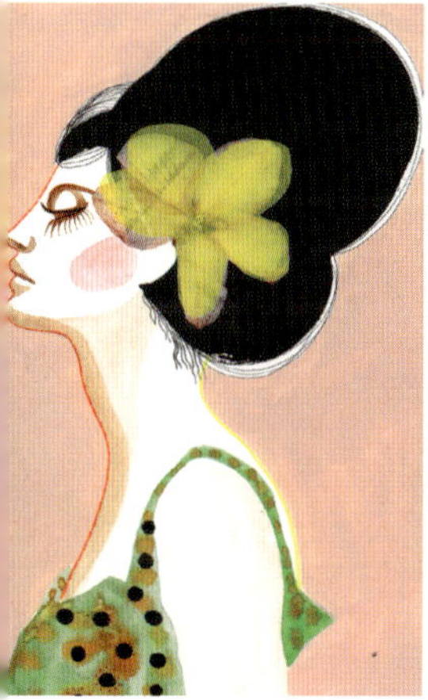
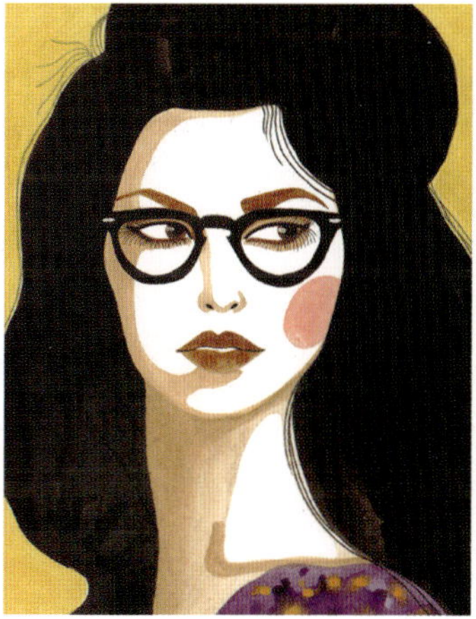
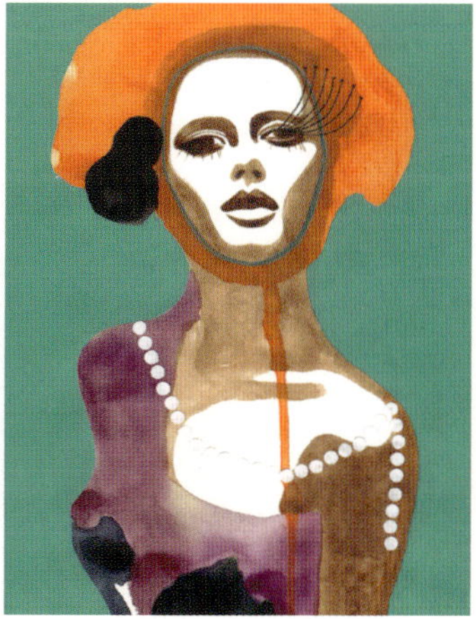
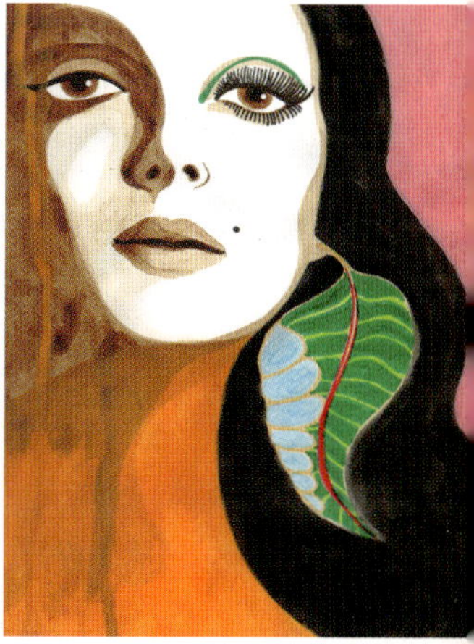

Pintar una serie

Eleni Kalorkoti

Estas obras (de izquierda a derecha: *Telly Head, On the Blink* y *Hat Thief*) se elaboraron como parte de un proyecto más amplio del que la autora fue publicando una pieza cada mes durante un año en forma de fanzine. Con esta clase de proyectos, los artistas pueden ir viendo sus progresos y también plantearse cómo conseguir que obras sueltas acaben funcionando como parte de una serie.

Este tipo de pinturas exigen reflexión, planificación y organización. Por eso, llenar un cuaderno de notas y observaciones escritas puede ser tan importante como tener un cuaderno lleno de bocetos. Estas pinturas se centran en dos temas: el primero nos muestra dos visiones de un "busto parlante" de la tele, y el segundo recurre a un divertido juego de quitarse el gorro. La limitada paleta de colores —blanco (del propio papel), rojo, amarillo, marrón, negro y matices de rosa y gris— es un sutil guiño a la también limitada gama de colores de los cómics antiguos. Esta economía de color también sirve para unificar las imágenes en forma de serie.

Truco Un fanzine es normalmente una publicación independiente de bajo coste que puede adoptar formatos diversos, fotocopiada en blanco y negro o en color. De algunos se imprimen hermosas copias en papel de buena calidad, y se venden online o en ferias del libro especializadas. Puedes hacerte un fanzine fotocopiando tus trabajos.

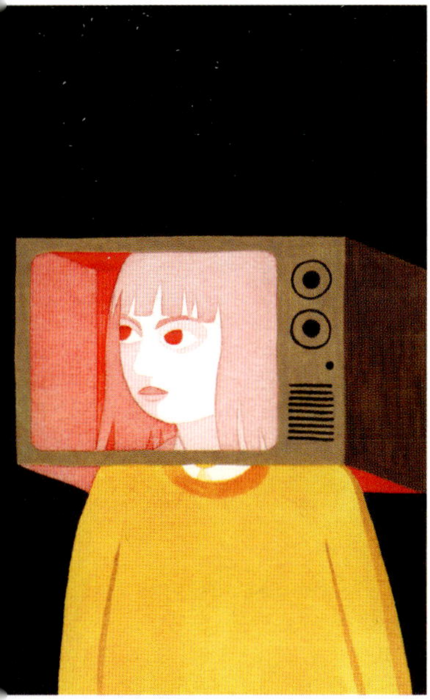

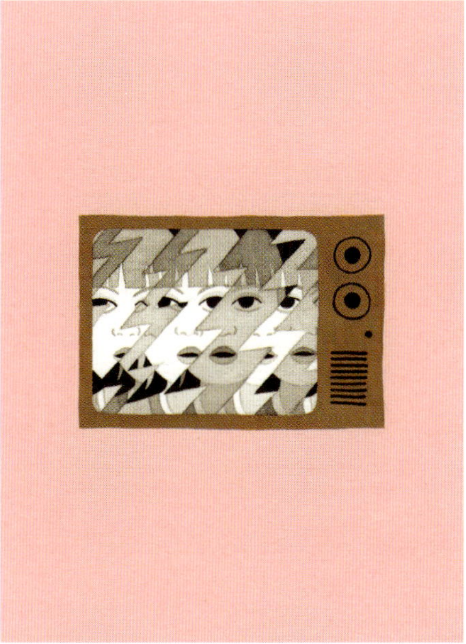

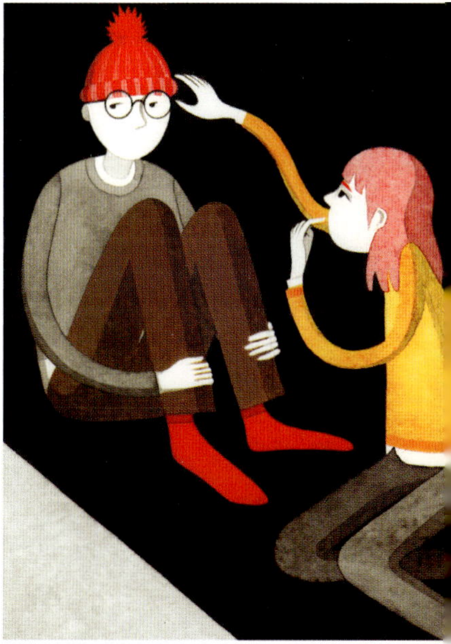

Color y distancia

Nicholas Stevenson

Esta imagen, titulada *The Shanky*, se pintó en dos páginas encaradas de un cuaderno de notas. Exhibe un cuidadoso equilibrio entre primer plano, término medio y fondo, así como entre los lados izquierdo y derecho. El ojo va pasando de la mirada de la mujer que está en la barca hasta la gente que observa, y de vuelta a la mujer, antes de dirigirse a las casas y las montañas del fondo. Nuestra atención se pasea por la imagen haciendo un zigzag.

El uso del color contribuye a esta sensación de progresión. El cálido naranja plano de la barca es un color potente, que avanza y que capta nuestra atención en primer lugar. Los azules empleados en el agua y en el paisaje montañoso parecen retroceder, por lo que suelen usarse para pintar objetos más distantes.

Pese a que el gouache se ha aplicado en forma de capas uniformes por toda la ilustración, los detalles lineales de los objetos más cercanos —la textura del gorro con pompón, las ondulaciones del agua y las líneas de la barca— generan sensación de profundidad.

Truco El papel de un cuaderno no puede tensarse, por lo que es posible que se abombe un poco al aplicarle pintura húmeda. La goma elástica que suelen tener estos cuadernos puede ayudar a controlar un poco ese defecto, pero ni se te ocurra cerrar el cuaderno hasta que la pintura esté bien seca.

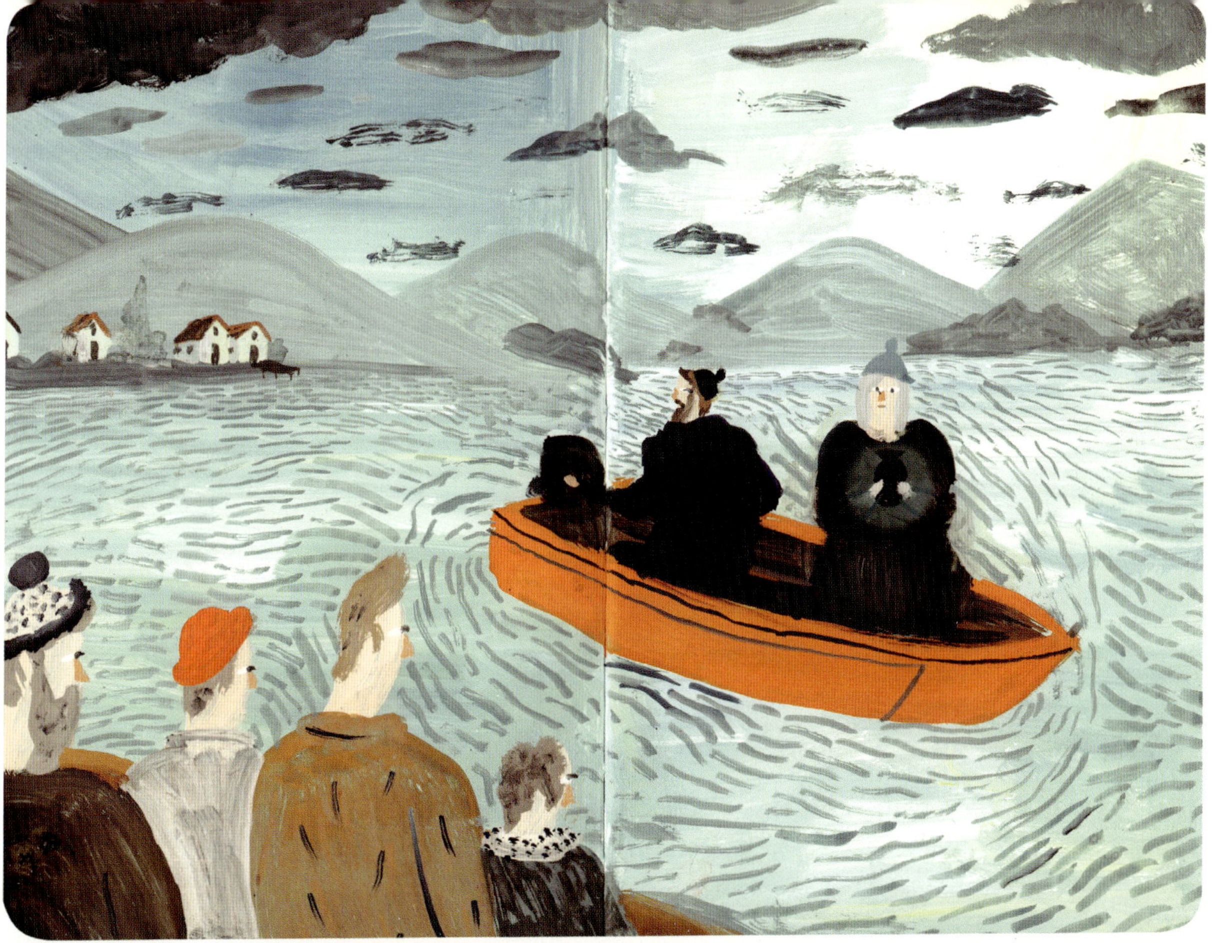

Cubrir con gouache

Vikki Chu

El motivo y su movimiento desempeñan una función importante en esta pintura al gouache, titulada *Panther*. Una pantera avanza con elegancia a través de la vegetación verde, compuesta por plantas oscilantes que se alzan en vertical y contrarrestan la potente figura diagonal que marca el negro de la pantera. La superposición de objetos es crucial en el dinamismo de esta pieza: si tapamos con la mano la figura de la pantera, la imagen se convierte en una hoja plana de motivos vegetales. Prueba a hacerlo. En cuanto reaparece la figura del animal en la composición, detrás de unas plantas y delante de otras, la imagen pasa a convertirse en un espacio tridimensional.

La naturaleza opaca del gouache ha permitido aquí cubrir una pintura con otra, incluso en el caso de un color claro sobre uno más oscuro. En esta imagen se ha hecho un buen uso de ello. Primero se pintó la pantera y después se añadieron encima las plantas en colores verde brillante y verde lima. El gouache se aplicó bastante espeso, mediante técnica de pincel seco. Esto se aprecia en la superficie irregular y en las puntas y bordes algo difuminados de algunas de las plantas.

Truco Las técnicas de pincel seco pueden dar resultados muy distintos en función de la rugosidad de la superficie del papel que se emplee. Cuanto más rugoso o granulado sea el papel, más irregulares se verán las pinceladas.

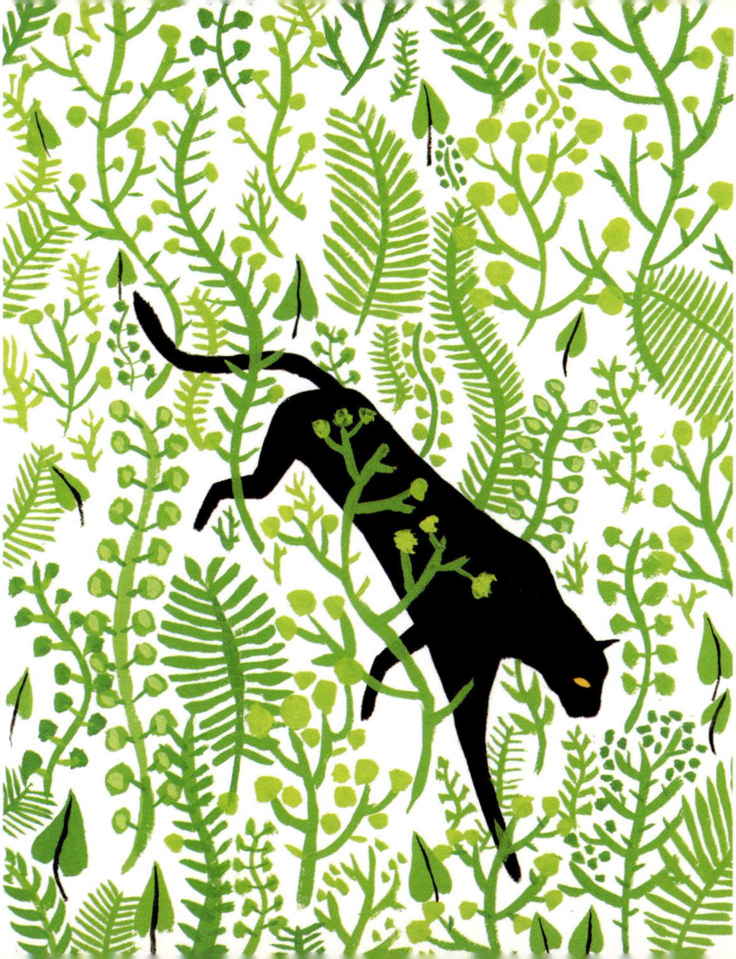

Experimentar con el formato

Becca Stadtlander

El formato circular es de los menos utilizados en pintura, y optar por pintar dentro de un círculo dice mucho acerca de la manera con la que un artista aborda una ilustración. Fíjate en la mantis que da título a esta obra, *Praying Mantis*. Pese a ser relativamente pequeño, el insecto llena prácticamente todo el lienzo. La perspectiva que ofrece el marco circular nos trae a la mente una lente, como si el motivo del cuadro estuviese siendo observado a través de una lupa y examinado de un modo casi científico. También sugiere contención, y tal vez cierto distanciamiento. Podría parecer que el insecto habita un planeta para él solo.

Esta pintura al gouache difiere de la mayoría de las obras que aparecen en este libro. Para empezar, no aparece por ningún lado el color del papel blanco: se ha pintado sobre un fondo negro, con tintas y en un papel de acuarela Arches™. La autora se ha servido del color y el sombreado para dar luminosidad a la mantis y contrastarla con su hábitat. Los toques de rotulador blanco de gel aportan detalle y realzan los moteados florales contra su sombrío entorno.

Truco Si no te apetece pintar en un círculo, plantéate hacerlo dentro de una viñeta. Esto consiste en no darle a la imagen un borde definido, sino que sea el propio papel sin pintar el que genere un borde alrededor de la composición. Los vértices se convierten en espacios negativos que pasan a formar parte del dibujo. También puedes probar con una viñeta ovalada.

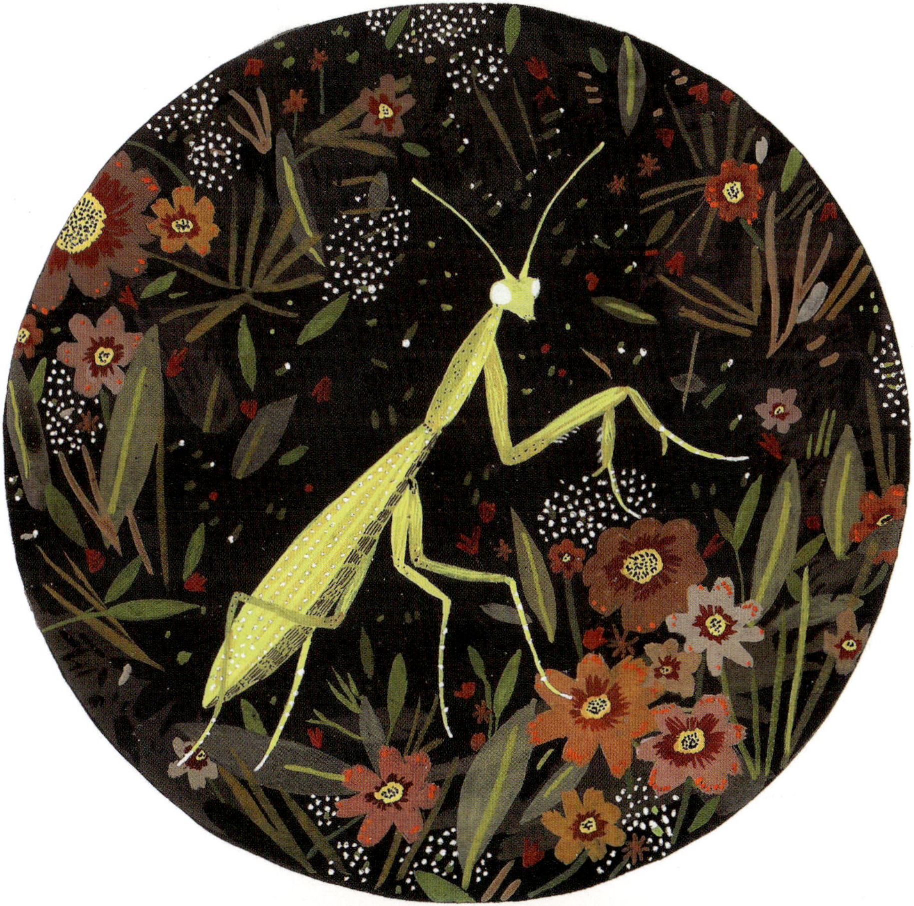

Paisajes imaginarios

Koen Lybaert

El autor de estas obras al gouache y a la acuarela (en sentido horario, empezando desde la izquierda: *Ullerøy*, *Byske I*, *Ketchikan*, *Karibib* y *Sermersooq*) está especializado en paisajes "recordados". Prescinde de bocetos preparatorios y, en su lugar, opta por la experimentación y por valerse de la imaginación. En sus obras predomina la técnica de húmedo sobre húmedo, aplica toscamente los lavados, empleando pinceles grandes, y pinta con autoridad los fondos, los cielos y los terrenos. El insólito formato utilizado en estos paisajes —muy verticales y con unos horizontes inusitadamente bajos— les da también un toque de dramatismo.

En cada pintura se ha empleado una paleta de color limitada. Los lavados son degradados y variegados y están salpicados de destellos, emborronamientos y fusiones de color, efectos que se han aprovechado a la perfección para sugerir árboles y vegetación, zonas neblinosas y reflejos. Se han añadido otras texturas mediante experimentación con el pincel y otras técnicas.

Truco Puedes usar una esponja natural pequeña para humedecer el papel y también mantener "activa" su superficie con la ayuda de un pulverizador de agua para plantas. Se pueden lograr texturas distintas presionando plástico de cocina, papel arrugado o plástico de burbujas contra la superficie pintada mientras todavía está húmeda.

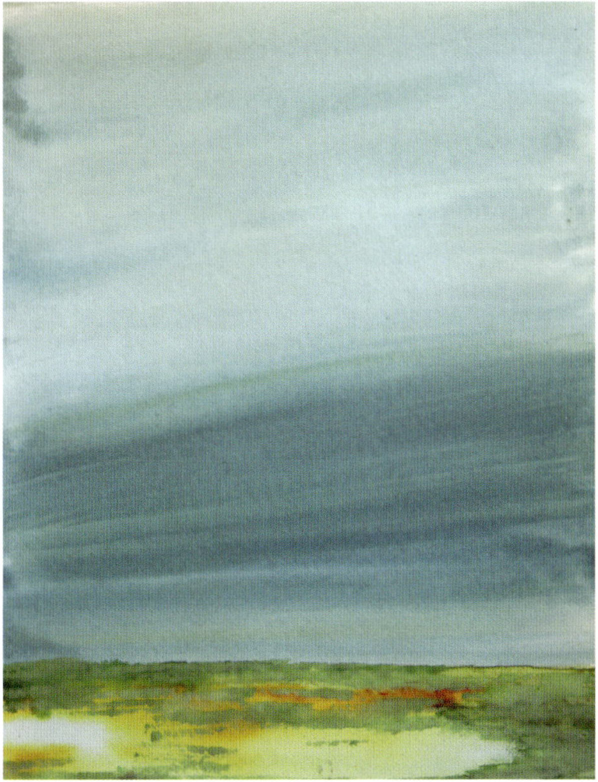

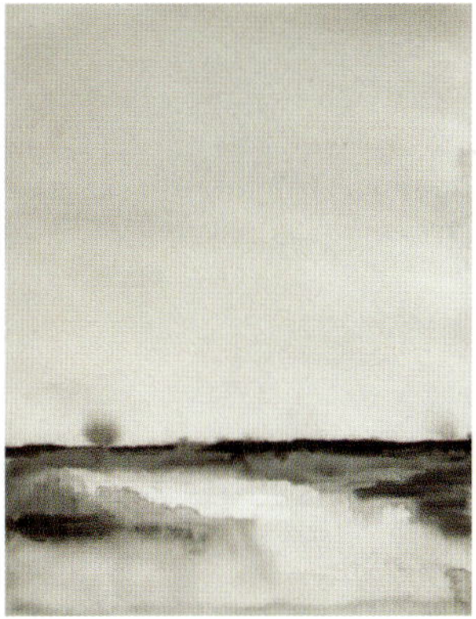

Usar los verdes

Becca Stadtlander

En este bucólico paisaje, *Lily Pads*, se ha empleado una amplia gama de verdes que van desde el lavado más claro y pálido hasta un verde casi negro. La ilustración logra una sorprendente armonía, tanto en términos de los colores empleados como en la sensación que desprende la escena representada. La autora ha empleado un papel de gran calidad de algodón cien por cien, de color blanco natural (sin blanqueadores) y suficientemente resistente para soportar varios lavados de color. Ha optado por un formato más o menos cuadrado, que suele ser poco habitual en paisajes, ya que puede dificultar el equilibrio entre los elementos de la composición. La pintura se ha estructurado mediante un lavado variegado de acuarela, creado al aplicar varios tonos de verde sobre el papel mojado. Estos matices constituyen la base de la tierra y del cielo de la parte superior, así como del estanque con nenúfares que se ve en primer término. Este formato perfectamente equilibrado realza la intimidad y la calma que evoca la escena.

Una vez se hubieron secado del todo los lavados iniciales, se aplicó gouache con un pincel fino para dar forma al follaje y añadir las construcciones distribuidas a lo largo de la línea central. Cabe señalar que cada capa se aplicó sobre otra ya seca y que de ese modo se logró mantener la frescura, la nitidez y la separación de los distintos tonos de verde. Los toques finales, como los tallos de los nenúfares, la corteza de los abedules, las sombras de las hojas y las ventanas, se dieron con tinta y un rotulador blanco de gel.

Truco Prueba a mezclar amarillo con un toque de negro para obtener verde. Puedes crear toda una gama de verdes distintos con solo ir variando la mezcla típica de azul y amarillo.

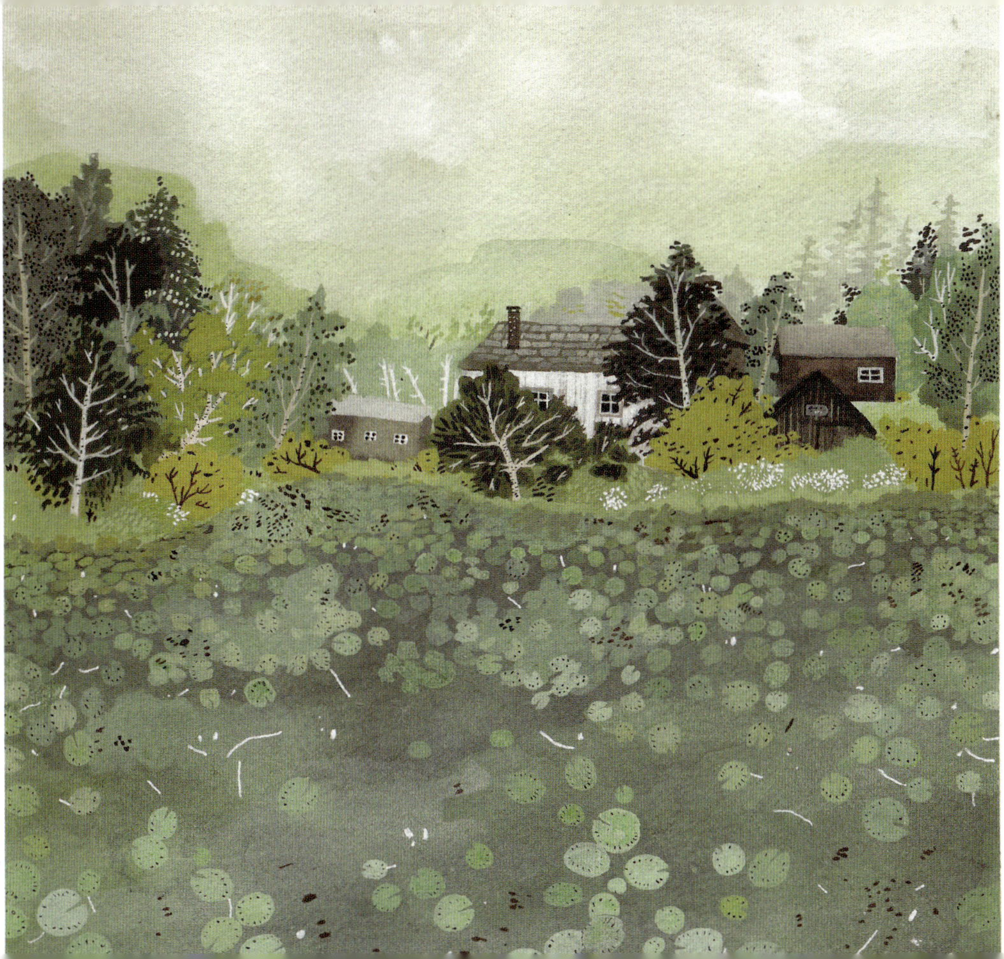

¡Experimenta!

Cathy McMurray

Esta obra se titula *Bloom* y, curiosamente, las manchas en forma de flor son una de las técnicas básicas empleadas para elaborarla. Se aplicó un lavado y se dejó secar lo suficiente para que al añadir más líquido ambas zonas pintadas se secasen por separado a distinta velocidad, lo que dio lugar a las clásicas formas de flores, aureolas y borrones.

Una serie de contrastes componen esta pintura: contrastes entre claros y oscuros, entre formas orgánicas e inorgánicas, entre translúcidos y opacos, y entre trazos a regla y a mano alzada. Se empleó un amarillo cadmio cálido para dar un generoso lavado inicial al fondo. Después se añadió otro de color azul negruzco, en húmedo sobre húmedo, para crear un efecto neblinoso que emana hacia arriba y se mezcla con el amarillo. Esta combinación de color hace las veces de estructura informal sobre la que se fueron añadiendo los detalles de la ilustración. Con el papel todavía húmedo, se pintaron las flores con plumilla y tinta. Con un pincel plano y ancho, mojado solo en agua, se trazó un círculo incompleto en la esquina inferior izquierda de la página para eliminar parte del lavado azul negruzco. Después se trazó con lápiz y regla la figura geométrica que aparece en el centro del papel, cuyas caras pintadas en colores opacos le dan consistencia y solidez. Por último, se pintaron los punteados y rayados con tinta acrílica y se añadieron los triangulitos de color azul negruzco.

Truco Manchas con forma de flor, borrones, aureolas y manchas de agua son variaciones de lo mismo. No son sino zonas en las que se ha añadido más líquido sobre una parte del papel todavía empapado de pintura húmeda o parcialmente seca.

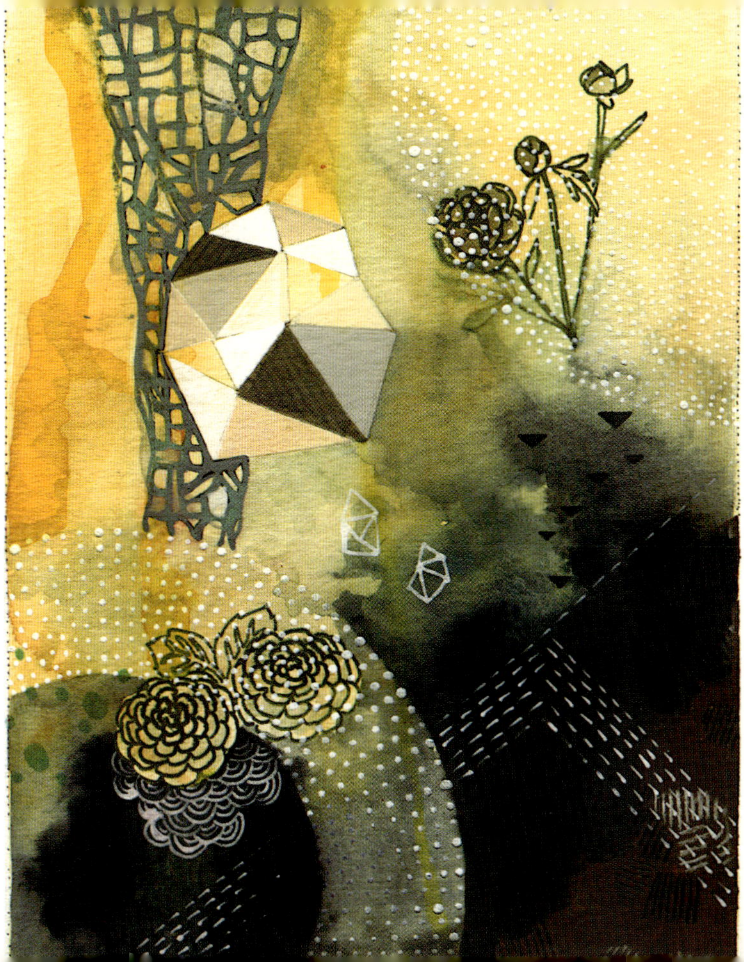

Aplicar la teoría del color

Vikki Chu

Este hábitat de tipo selvático está plagado de criaturas sobredimensionadas y de plantas exageradas y exuberantes. La flora y la fauna, pese a ser fantásticas, presentan cierto parecido con las que estamos acostumbrados a ver. Tienen también algo de mitológico, como los dibujos que traían de vuelta a la metrópoli a los intrépidos exploradores del Nuevo Mundo. Este entorno superpoblado se ha representado mediante una paleta de colores limitada al rojo y al verde, con la adición de blanco y negro. Se trata de un uso muy ingenioso del color, sobre todo si tenemos en cuenta la exuberancia y la complejidad que sugiere la escena.

En esta ilustración, titulada *Jungle*, la artista ha aplicado de manera consciente y muy meditada la teoría del color. El rojo y el verde son complementarios: cuando se usan juntos se aportan mutuamente dinamismo. Aquí no se han empleado del todo saturados, sino matizados. De este modo, los colores no resultan excesivamente llamativos a la vista y se combinan de manera más natural y cómoda.

También se han aplicado otros contrastes: entre rugoso y liso (el lavado de acuarela del fondo y los rellenos de color plano), entre translúcido y opaco y, por sorprendente que parezca, entre analógico y digital. Aunque la ilustración parece elaborada a mano, algunos de sus elementos se crearon digitalmente.

Truco Puedes probar a hacer algo parecido con otros colores complementarios: azul con naranja y amarillo con violeta.

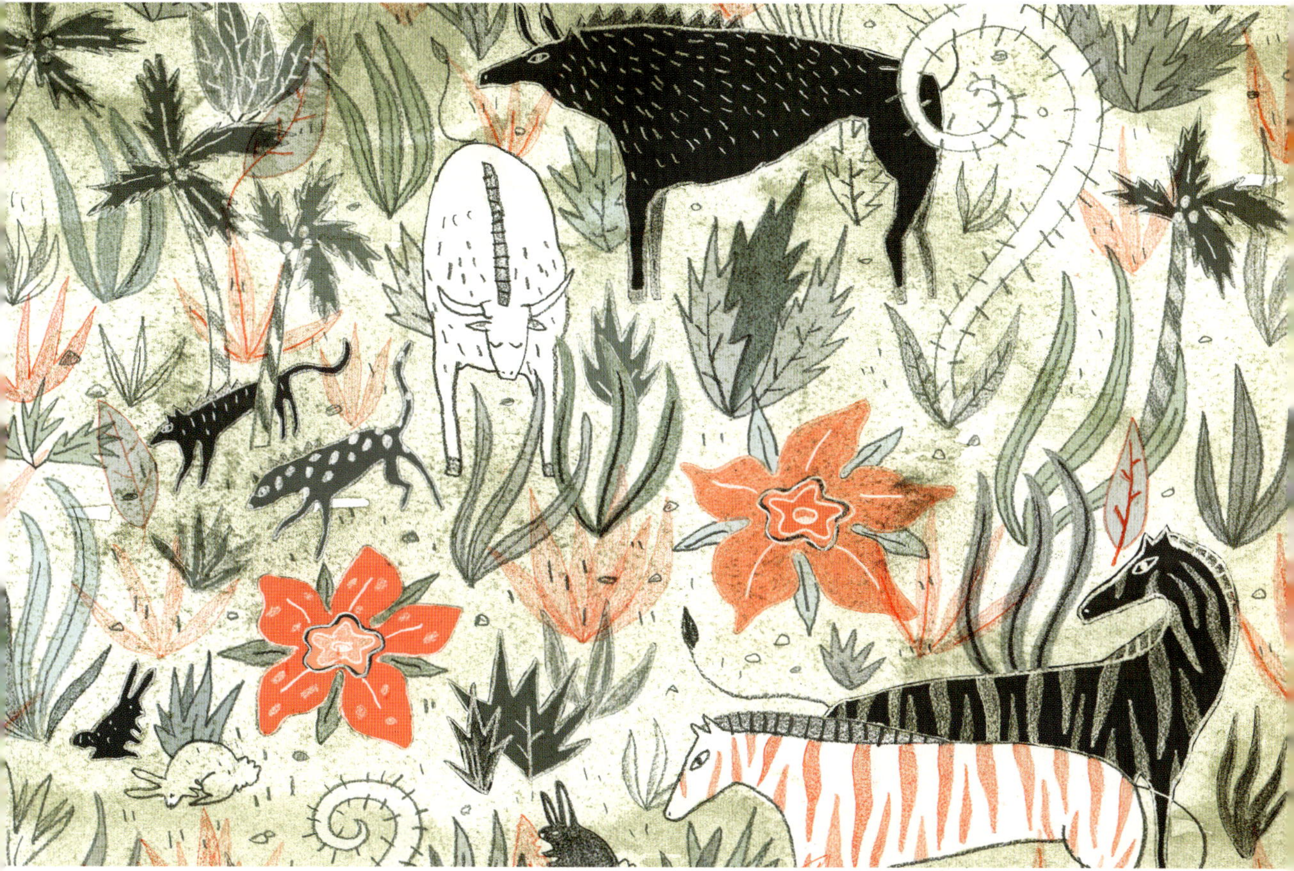

Lavar el gouache

Becca Stadtlander

Esta pintura, compuesta sobre un dramático fondo negro y titulada *Matcha Tiger*, muestra los elementos que componen una ceremonia del té japonesa (cuencos, un batidor de mano, una cucharilla) junto a un jarrón profusamente decorado que contiene unas cuantas flores.

Se ha empleado la técnica de lavar el gouache para elaborar la mayor parte de esta ilustración. En primer lugar, se aplicó la pintura al gouache en una capa bastante gruesa y se dejó secar antes de dar por encima una mano de tinta resistente al agua. Una vez se hubo secado la tinta, se lavó la pieza bajo un chorro de agua para volver a exponer los colores que quedaban debajo. Cualquier parte del papel sobre la que no se había aplicado pintura —en este caso, el fondo— conserva el color negro, manchada por la tinta indeleble, mientras que la tinta de las zonas pintadas sencillamente se desprende al pasarla por agua.

Conviene seguir unas cuantas reglas para que esta técnica funcione: trabajar sobre un papel de mucho gramaje que previamente se haya tensado —ya que quedará empapado de agua y, al tensarlo, nos aseguramos de que permanezca liso—, planificar la ilustración antes de empezar —trazar un boceto sencillo a lápiz—, no aplicar el gouache en capas —es mejor dar una sola capa gruesa— y emplear agua tibia para eliminar la tinta.

Truco Para aprovechar esta técnica es conveniente conocer bien las pinturas que usamos y experimentar con una escala de color: algunos colores se eliminan con más facilidad que otros bajo el agua. Con agua tibia se lava mejor la tinta que con agua fría.

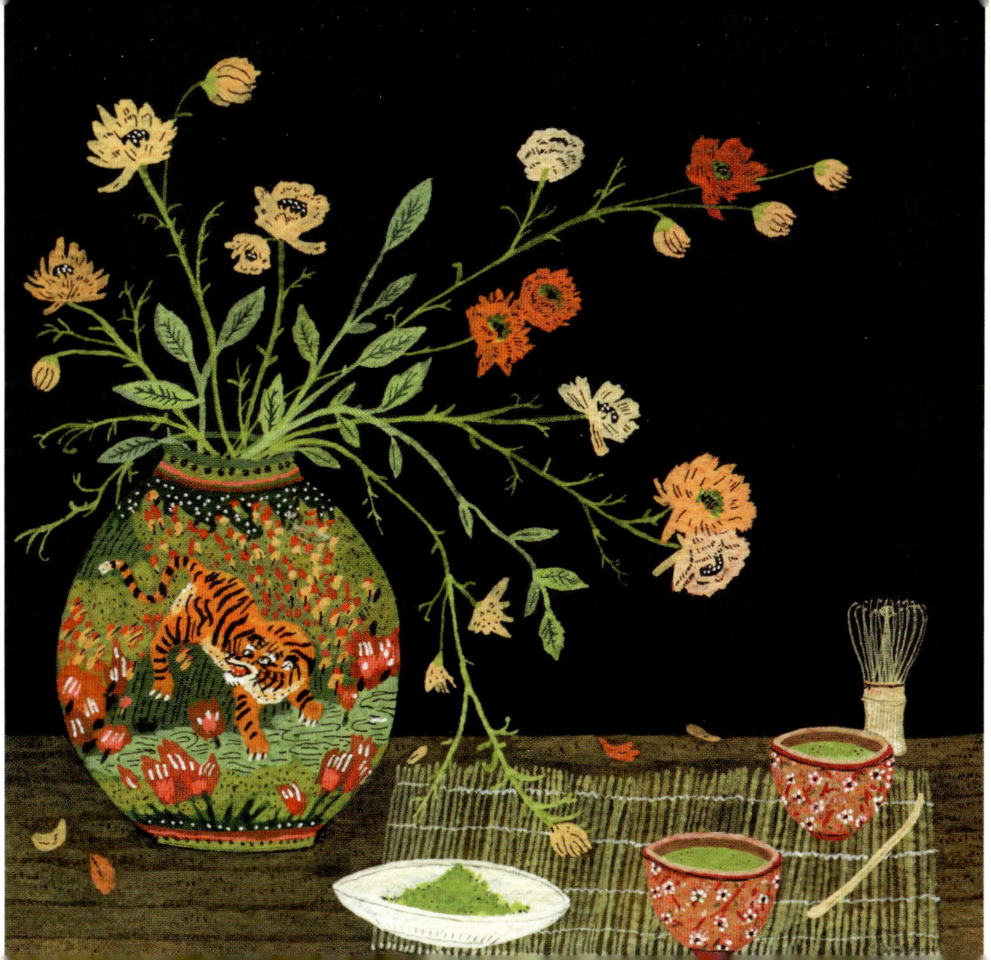

Colores terrosos

Natasha Newton

El ocre, el siena natural y el siena tostado están entre los pigmentos de pintura fabricados a partir de extractos minerales. Estas pinturas se suelen encontrar en forma de amarillos, rojos y marrones. En esta ilustración, *Night Rain 2*, la artista ha empleado estos tonos para representar una cordillera en una noche lluviosa. Los colores terrosos, junto con el negro y combinados con las líneas punteadas y las gotas de lluvia, remiten en parte al arte tradicional de los aborígenes australianos.

Los tres montes recuerdan un poco a las colchas de patchwork, y se ha usado la acuarela para rellenar sus contornos trazados a plumilla y tinta. Parte de la pintura se ha aplicado en húmedo sobre húmedo, y otra parte, en húmedo sobre seco, además de generar las partes más claras mediante una técnica de absorción de pintura fresca. Recuerda que la rugosidad del papel para acuarela determina la manera en que se seca la pintura.

Por último se añadieron los trazos blancos con los que se representan las rocas y la lluvia. Para poder añadir este tipo de detalles sobre los colores más oscuros conviene emplear pintura opaca. En este caso se usaron gouache y tinta acrílica, aplicados con pincel o plumilla.

Truco Una paleta básica de acuarela debería contener colores terrosos: sienas tostados, ocres y terracotas, por ejemplo.

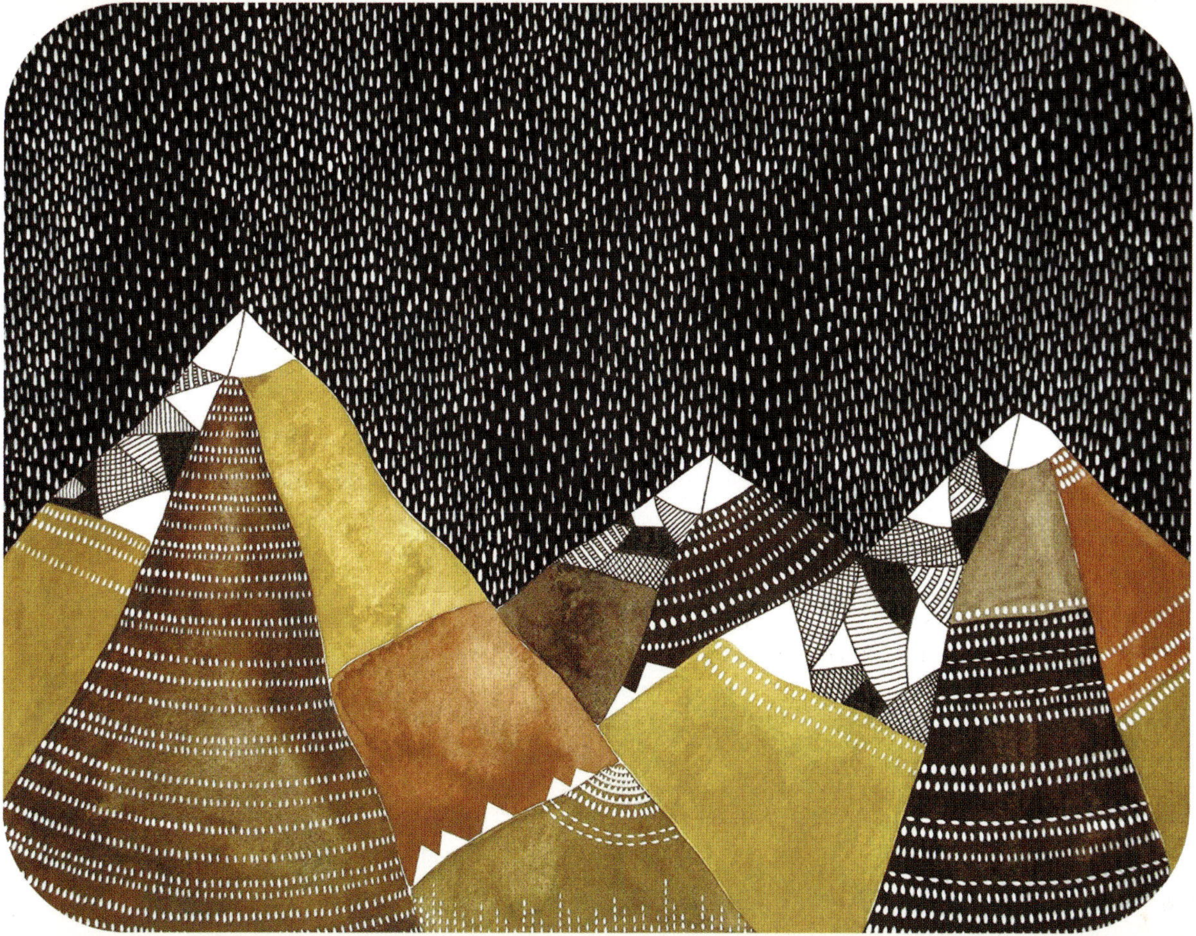

Pintar en un cuaderno

Nicholas Stevenson

Algunos artistas son reacios a usar cuadernos para pintar, tal vez por miedo a estropear otras obras que puedan haber hecho en sus páginas. Sin embargo, al autor de esta pieza, titulada *Chase*, le encanta explicar que la hizo con "pintura muy húmeda y, además, muy espesa". Lo único que le preocupó en aquel momento fue plasmar su idea en el papel.

En la primera fase del desarrollo de la ilustración empleó un pincel de gran tamaño para aplicar un fondo de gouache tosco e irregular. Al ver que se le iba acabando la pintura, el artista se limitó a añadirle más agua para poder así cubrir con rapidez el espacio que le faltaba por rellenar, lo que dio como resultado el tono más claro de la derecha. Los árboles y las figuras humanas se pintaron con parecida espontaneidad, pero en este caso el gouache se aplicó con un pincel más pequeño. La consistencia cremosa de la pintura se debe a que se le añadió poca agua. En la imagen se aprecian también huellas dactilares accidentales: fíjate en la mujer del vestido rojo y en el borrón del margen izquierdo.

Truco Darle una capa de acrílico blanco al dorso de un papel pintado a la acuarela te garantizará poder usar después esa cara del papel sin peligro de que la pintura lo traspase.

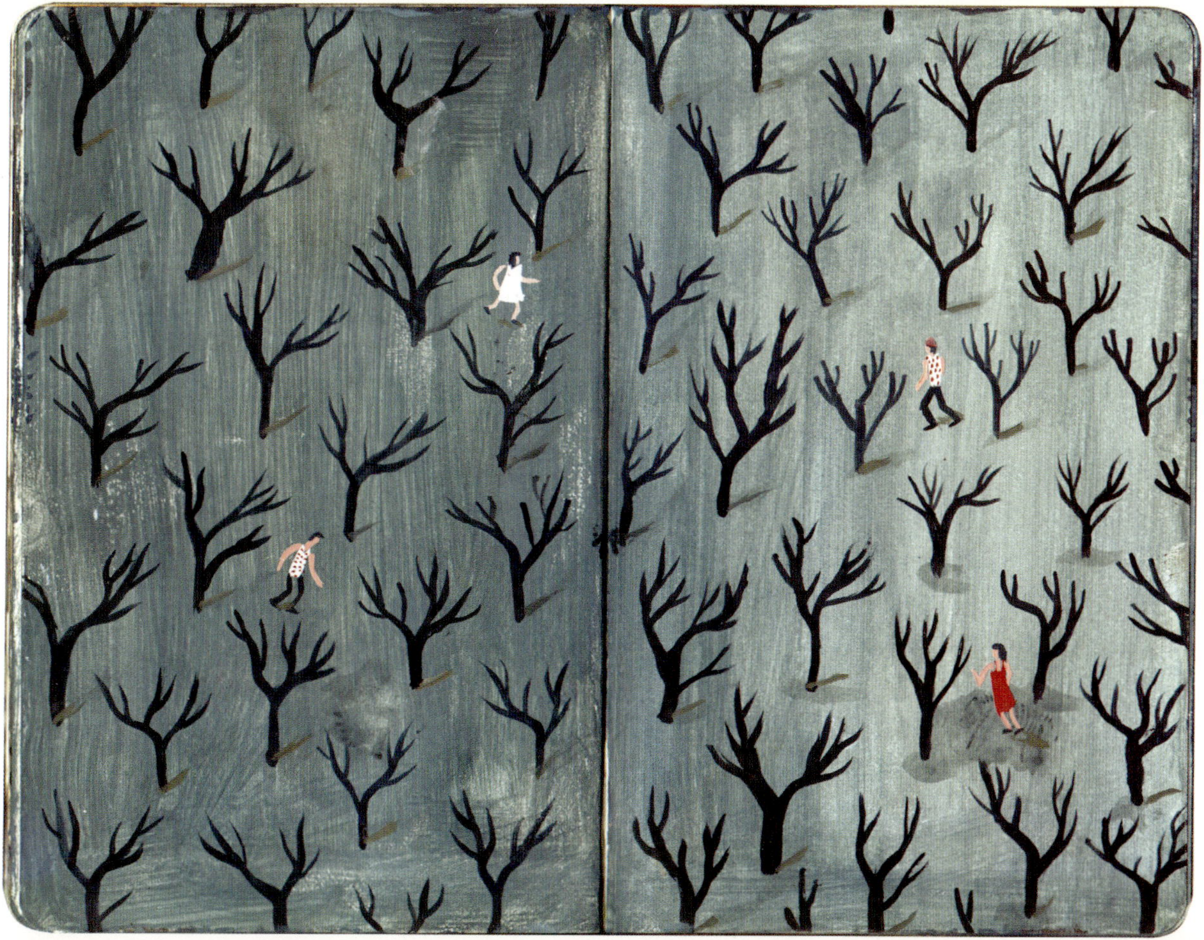

Pintar el agua

Jeannie Phan

Algunas veces, el motivo que pretendes pintar determinará la técnica que empleas para pintarlo. En este ejemplo, titulado *Pool Day*, la técnica de húmedo sobre húmedo demostró ser ideal para plasmar la fluidez del movimiento del agua de una piscina. Lo único que le hizo falta a la artista fue dar unas pinceladas con confianza y, lo que es más importante, con rapidez. Si hay un rasgo que caracteriza a esta pintura es ese pliegue que adopta la piscina. A la autora se le encargó que ilustrase un artículo de prensa acerca de introducir la natación en la rutina diaria: la parte vertical de la piscina sugiere que puede tratarse de una tarea ardua.

La técnica de húmedo sobre húmedo se aplicó por fases para lograr esa línea de doblez en el agua. El color del agua de la piscina se obtuvo mezclando azul de ultramar con un poco de rojo cadmio. Después se empleó gouache para pintar a los bañistas y el perímetro azulejado de la piscina. La opacidad del gouache hizo posible pintar a los nadadores encima del azul del agua, aunque se aprecian ciertas diferencias de color entre ellos (fíjate bien en el hombre que se tira de espaldas). Finalmente, con unas pinceladas finas de rojo y blanco se acabaron de definir los detalles.

Truco Compara esta ilustración con la pintura *Warm Water*, de Monica Ramos (pág. 32).

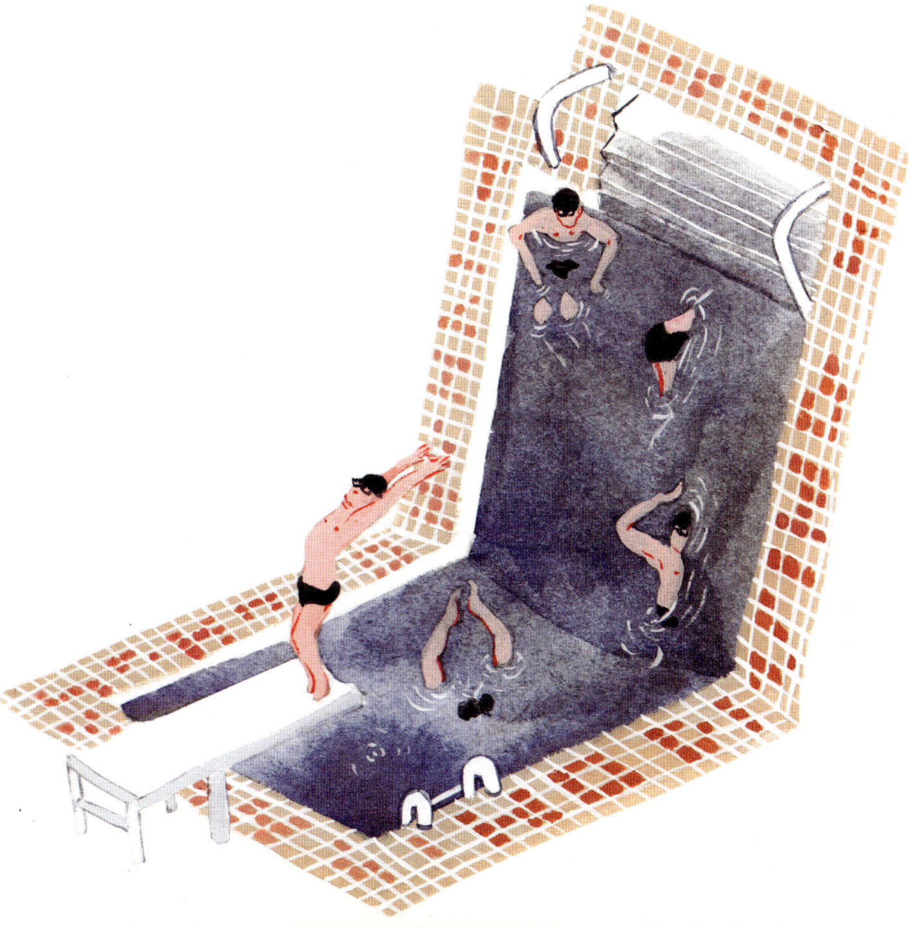

Crear una pintura estilizada

David Hornung

Los objetos que aparecen en esta pintura (un árbol, un muro, piedras y una serpiente) se han representado de tal modo que dan a la obra una cualidad alegórica. Su aspecto sumamente estilizado es muy evocador; el sol, que recuerda un poco a los manuscritos medievales, remite a técnicas artísticas arcaicas y añade nuevos niveles de interpretación de la imagen. Los contornos de los objetos son gruesos y realzados, tal vez para acentuar la potencia de la luz solar. Sorprende el contraste entre los detalles que están iluminados desde arriba y los que no. La única sugerencia de movimiento de toda la escena la aportan la serpiente que repta y el lento desplazamiento del sol.

Esta pintura, titulada *The World We Live In*, se elaboró aplicando gouache en forma de amplios bloques verticales de color. El papel artesanal que se empleó proporciona una base de color amarillo, un color perfecto para un tema en el que se examina la incidencia de la luz. Pese a que la pintura es opaca, las capas aplicadas traslucen un punto del amarillo de fondo, lo que sirve para unificar los diversos objetos, al igual que el uso que se hace en toda la imagen de la armonía de color: amarillo, verde y azul.

Truco Cuando superponemos pintura existe el riesgo de que se produzcan emborronamientos. Añadir goma arábiga o un aditivo retardador a la pintura ayuda a generar una capa de color impermeable. También permite crear varios grados de transparencia, si es necesario. Pero cuidado con añadir demasiado porque eso ocasionará que la superficie se vuelva brillante y se resquebraje al secarse.

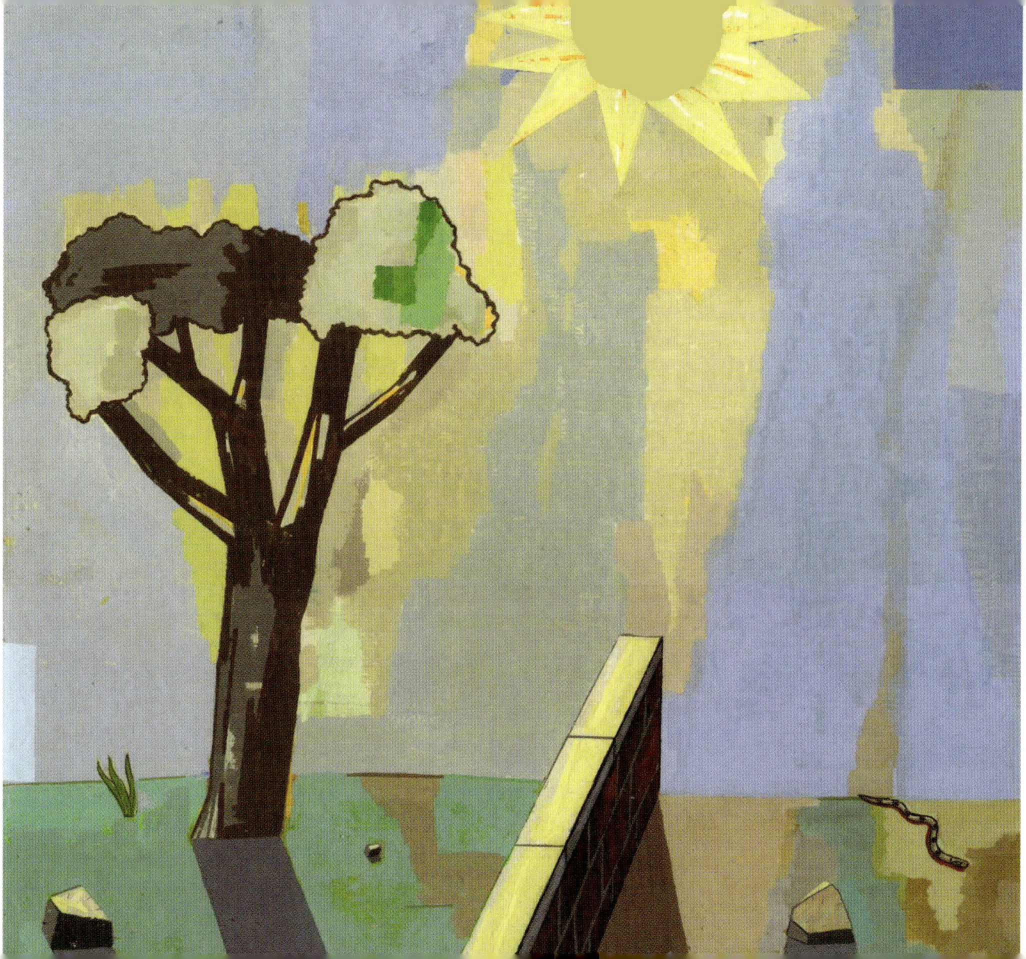

Técnicas mixtas

Blanca Gómez

Esta imagen, titulada *Sun*, atrae a primera vista. No podemos evitar reaccionar a su inmediatez y a su apariencia de ilustración de libro infantil. Para elaborar esta ilustración, que parece sencilla, se ha combinado la acuarela con técnicas digitales, aunque esta técnica mixta no es evidente de entrada. Se empleó un pincel plano grande para aplicar un lavado de color amarillo anaranjado a una hoja de papel de dibujo, cuyos trazos de pincel son claramente visibles. La cantidad de humedad hizo que se levantase un poco el papel y que en la superficie se formasen diminutas bolitas, algo que ocurre habitualmente cuando no se usa papel específico para acuarela. En este caso, no obstante, eso no importa porque la autora solo quería pintar sobre una superficie que luego pudiese escanear.

La parte exterior de la imagen es un círculo perfecto, y lo mismo los topitos blancos que representan los rayos del sol. La circunferencia blanca interna se trazó de manera irregular en consonancia con el sol imperfecto y algo oscilante que se sitúa alegremente en el centro. Todo esto se ve complementado por un aire irregular, como pintado a mano, que la artista logró manipulando digitalmente la imagen. Las mejillas de un naranja vivo y los demás rasgos faciales del sol se han dejado sin retocar.

Truco Prueba a usar plantillas de estarcido en tus pinturas. Puedes hacerlas con adhesivos que se desprenden una vez terminada la pintura o recortar papeles dándoles las formas que quieras para pintar sobre ellos con cuidado.

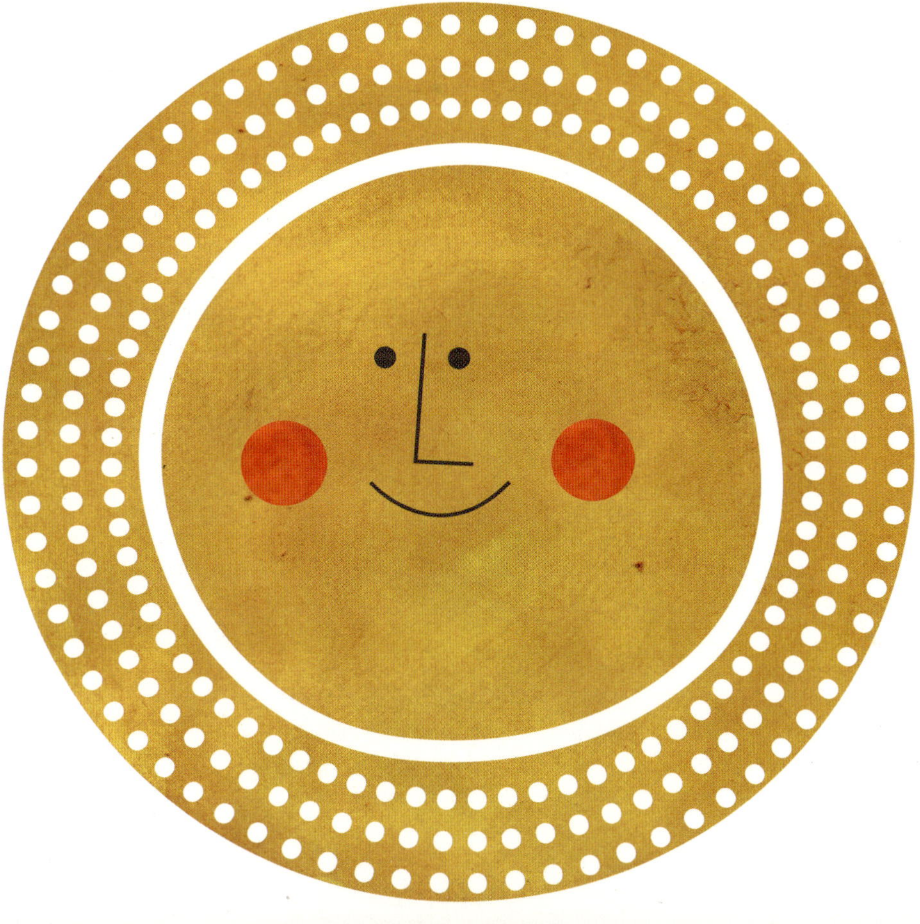

Filtros de software

Patrick Boehner

En esta imagen, *Cardboard Swimmer,* no todo es lo que parece. Pese a que parece estar compuesta por lavados de acuarela, se elaboró íntegramente de manera digital. Se escaneó un trozo de cartón corrugado, envejecido y estropeado por el agua —su forma aplanada y la manera en que incide la luz en su superficie son indicadores claros de que es una imagen escaneada—, que después se empleó como lienzo digital. El modelo que aparece en la obra se extrajo de una fotografía y se manipuló digitalmente. Fíjate en los diversos tonos de gris del brazo del waterpolista: son producto del filtro de posterizado de Photoshop. Y lo mismo ocurre con los tonos de gris pálido de las partes sumergidas del cuerpo, cuyos contornos están más difuminados.

Se han conservado las líneas nítidas y limpias de la imagen digital para que ayuden a definir la figura tanto por encima como por debajo del agua. El gorro se ha dejado tal cual: un dibujo finamente detallado sobre blanco. Sería muy difícil lograr unas líneas tan limpias y semejante claridad de color pintando a mano, sobre todo en lo que parece un trozo blando y viejo de cartón de embalaje.

Truco Las aplicaciones de pintura y dibujo, tanto para smartphones como para tablets, así como otros programas informáticos más sofisticados, proporcionan herramientas que imitan a la acuarela tradicional. Sus paletas de pinceles ofrecen diversas opciones de anchuras, texturas y bordes de trazo. También se puede regular la opacidad del "pincel" para generar las transparencias típicas de la acuarela.

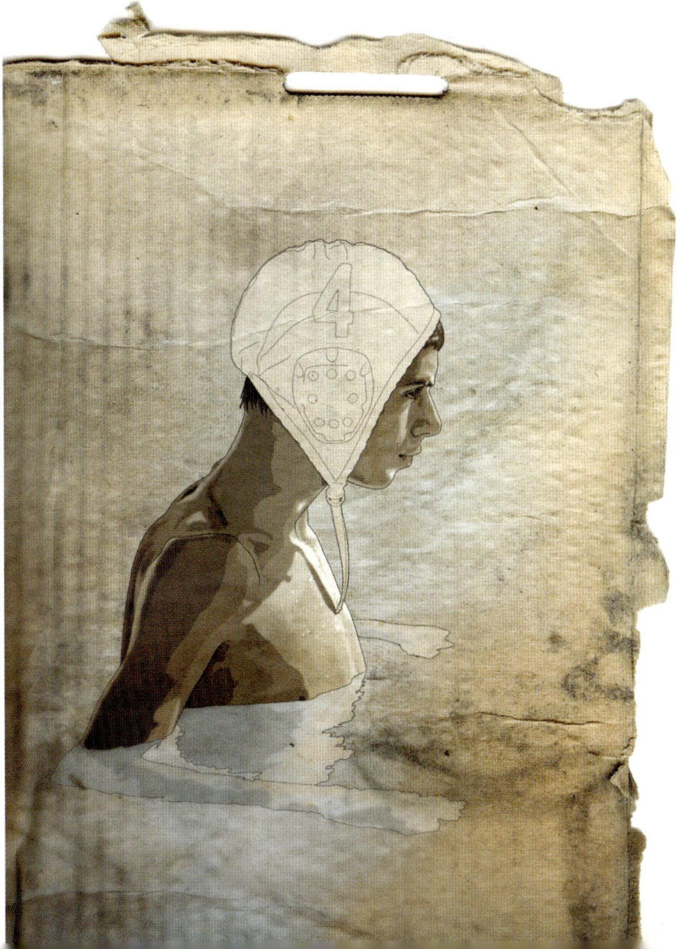

Pinceladas variadas

Helen Dealtry

En este exuberante despliegue de cactus de vivos colores se han combinado acuarelas líquidas con manipulación digital para lograr un resultado genial. La acuarela se aplicó con pinceles de varios tamaños y con un aplicador de esponja, de ahí la variedad de trazos y marcas. En esta pintura, la textura de las flores y las espinas de los cactus probablemente se lograron mediante toques verticales de pincel, y el lavado de color de los cactus verdes, con una combinación de esponja y pincel. El cactus principal que aparece en el centro se duplicó después a cada lado por medios digitales —en forma de versiones volteadas e invertidas—, lo que aporta interés visual a la imagen. Por último, se añadió el fondo rosa complementario.

La eficacia de un trabajo a menudo la determina la planificación con la que se preparó, y los colores de esta pieza, *Candy Cacti*, se han mezclado y combinado minuciosamente. Los rosas y verdes predominantes se premezclaron usando un cuentagotas para transferir la acuarela líquida del frasco a la paleta. Para mezclar acuarelas líquidas conviene usar una paleta que tenga huecos profundos. También puedes hacerlo con otros contenedores de vidrio o de plástico, pero mejor que sean blancos o transparentes para que puedas ver el color con mayor claridad.

Truco Un fondo coloreado afectará a la apariencia final de las pinturas translúcidas. Esto puede hacerse aplicando un lavado de color o, digitalmente, superponiendo el color en una capa distinta. Esta última es una buena manera (y segura) de probar varios colores hasta dar con el idóneo.

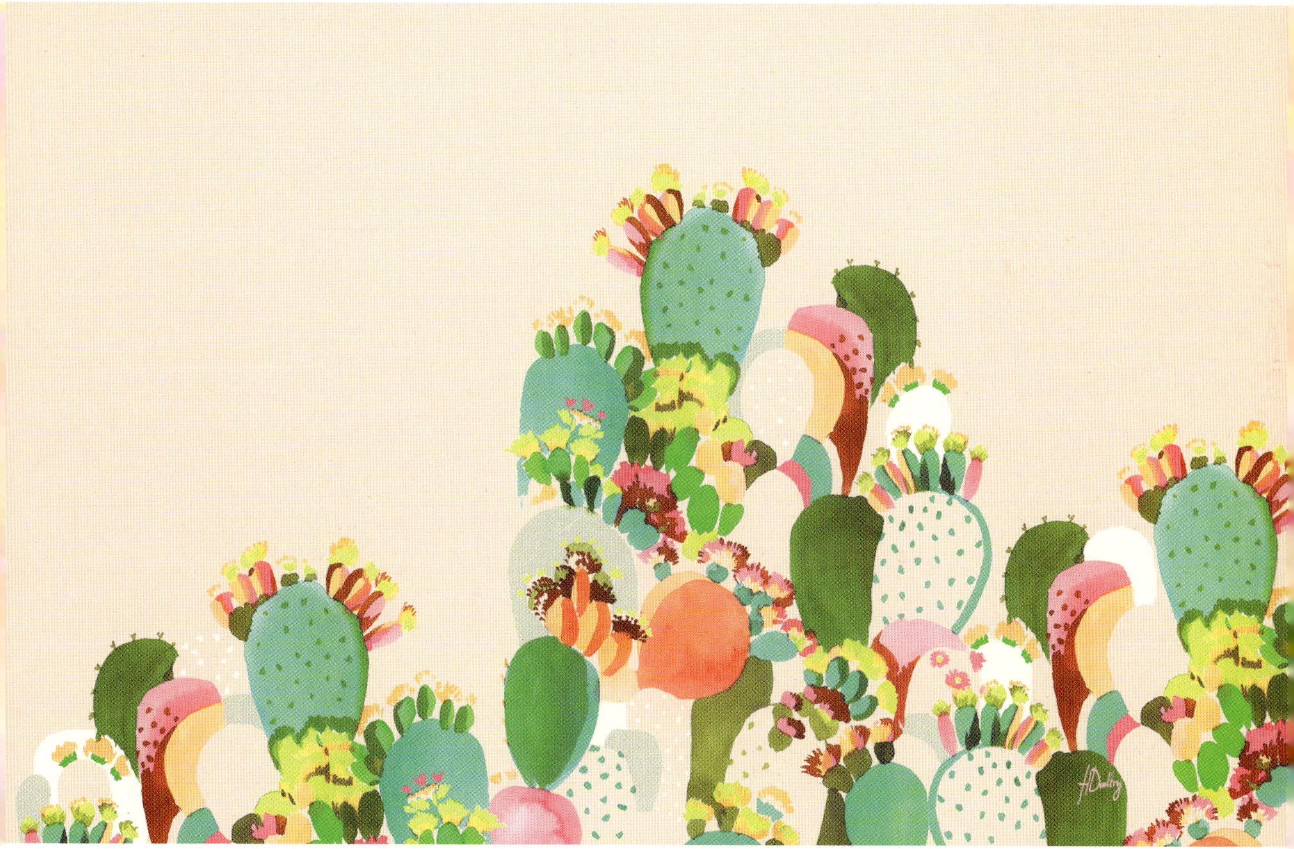

Usar un dibujo lineal como plantilla

Ekaterina Koroleva

En esta imagen se han empleado muchas técnicas de acuarela: húmedo sobre húmedo, lavados variegados, borrones de color, textura con sal, granulación, inclinación del papel y goteo. Todo este surtido de técnicas se pudo aplicar porque la ilustración, titulada *KIDZ*, se elaboró mediante manipulación digital: se superpusieron, distribuyeron y ajustaron sus diversos componentes hasta lograr que funcionasen como conjunto.

Fíjate en los tres ciervos de la derecha. En realidad son el mismo dibujo, que se ha manipulado para que los ciervos miren en distintas direcciones. Además, el flujo visible del color aplicado en húmedo sobre húmedo, sobre todo en el amarillo anaranjado de los ciervos, parece detenerse en seco al llegar a sus contornos. Se abre un espacio en blanco entre ellos y la cabra de la esquina inferior derecha. Estos detalles sugieren que aquí se han empleado técnicas de collage digital. Los elementos digitales se han ajustado con tal sutileza que cuesta identificarlos. Los bucles de color verde y naranja que se ven a la izquierda se han reproducido superpuestos también en la parte derecha. La textura de sal que se aprecia en la parte central queda tapada porque se le ha superpuesto digitalmente el ciervo más grande. Las líneas y pinceladas de tinta negra unifican todos los elementos de la imagen.

Truco No temas emplear medios digitales para mejorar tus trabajos a la acuarela. En este libro verás varias obras donde se han utilizado, como probablemente en muchos otros sitios, aunque no te hayas dado cuenta.

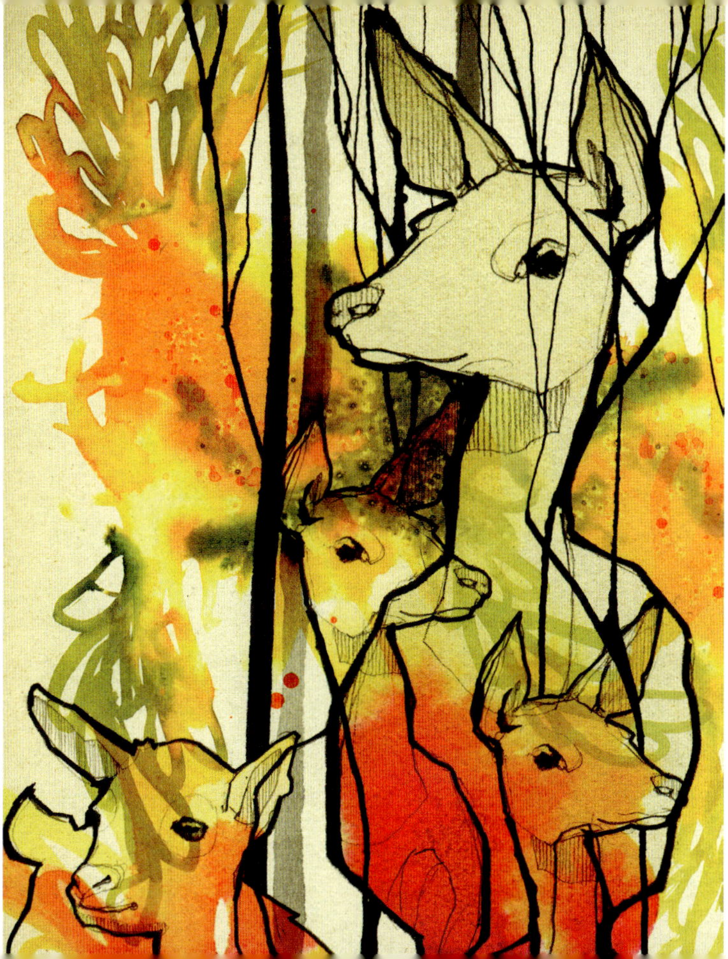

Pintar aves

Functional Fox (Matt La'Mont)

Los tres pájaros representados en esta obra, *Night of the Warblers,* se crearon mediante la combinación por medios digitales de técnicas de acuarela y determinados elementos fotográficos. El resultado es una imagen cuya superficie plana recuerda a la del gouache.

La imagen se ha compuesto en formato vertical, un espacio compositivo poco habitual para una imagen de fauna silvestre. Lo que rodea a las aves es un espacio vacío y neutro, por lo que nuestra atención se centra en las sutiles variaciones de grises y marrones del plumaje. Con el fin de sugerir textura, se han difuminado las pinceladas de los bordes de las plumas más grandes. Los trazos de las plumas más mullidas recuerdan al esgrafiado o a las marcas dejadas al rascar la pintura. Al examinar de cerca a los tres pájaros vemos claramente que son variaciones de la misma imagen: se han alterado los colores de los tres; uno se ha invertido y el otro se ha reducido. Si nos fijamos bien, vemos que el dibujo de sus plumas es idéntico.

Truco Prueba a soplar con una pajita de refresco o incluso con un secador de pelo los bordes de una mancha de pintura recién aplicada para crear interesantes irregularidades. Haz trazos rascando la pintura con la punta del mango del pincel o con la esquina de una tarjeta de cartulina.

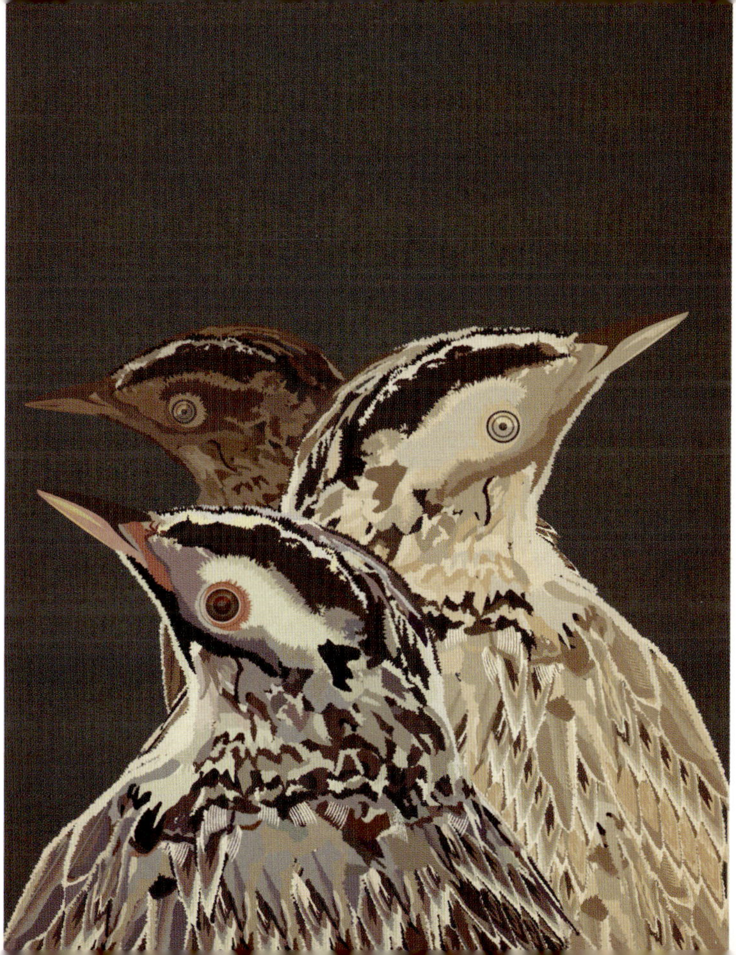

Una imagen digital que parece "pintada"

Dadu Shin

Esta obra, titulada *Plants 2*, tiene algo que la hace agradable a primera vista. La paleta de colores cálidos (naranjas, rosas y carmesíes) empleada para representar esta colección de plantas de tipo cactus funciona muy bien sobre el fondo de color crema. Los tonos de los tallos y los brotes, que recuerdan a cornamentas de animales, se han elaborado a base de dos o tres capas superpuestas, de más clara a más oscura. En los puntos donde se superponen los cactus se generan tonos intermedios.

Aunque parece que esta pieza se ha pintado, en realidad se ha construido íntegramente en digital. La textura de un papel para acuarela prensado en frío parece asomar debajo de los cactus "pintados" y de las líneas negras quebradas que brotan de su base. La mezcla de color y los matices del tallo principal parecen sugerir un trabajo hecho con lápiz de acuarela. Todo ello demuestra que el artista se ha esforzado por hacer que esta imagen parezca pintada a mano. Solo las curvas perfectas del tiesto y el borde nítido de la parte de color magenta del cactus frontal nos revelan que aquí no todo es lo que parece.

Truco Usar papeles coloreados puede marcar la diferencia en un trabajo. Pero recuerda que hasta el color de fondo más sutil puede afectar al color "verdadero" de las acuarelas translúcidas.

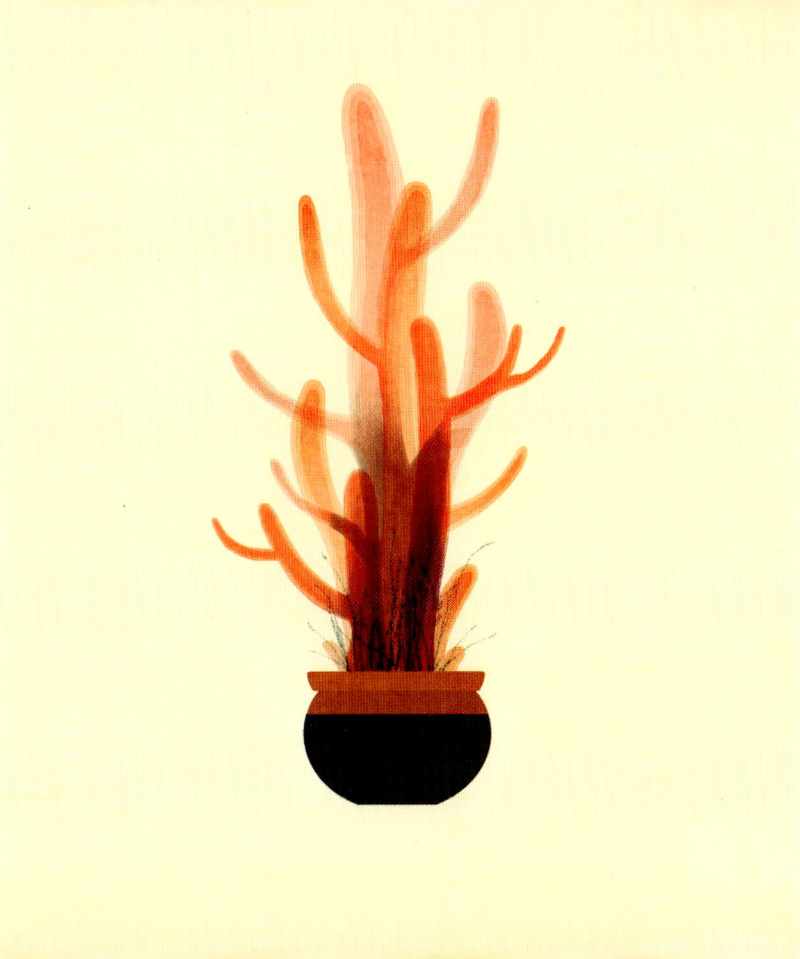

Panorama dramático

Georgina Paraschiv

Las formas geométricas de bordes acerados que aparecen en el centro de esta pieza, *Pink Sun*, son provocativas y dinámicas. Un sol enorme y perfectamente redondo de color rosa brillante se pone detrás de unas montañas negras de formas triangulares. El negro intenso de la tinta y los contornos nítidos de las montañas aportan una nota de tensión y dramatismo a la composición. El tamaño del sol en comparación con las montañas exagera ese efecto. La atmósfera se ve realzada por la textura de los jirones de nubes que parecen flotar ante la escena.

Esta obra se ha elaborado mediante técnica mixta. Para empezar, el papel se manchó de gris y se dejó secar de manera irregular —se aprecian zonas de gris más oscuro donde se acumuló la pintura antes de secarse—. Después se añadió en húmedo sobre húmedo un lavado en forma de franja gris más oscura para crear el banco de niebla que se ve detrás de las montañas. El sol y las montañas se crearon en digital, aunque a base de escanear varias capas translúcidas de pintura, lo que contribuye a dar textura e irregularidad al sol y a la segunda hilera de montañas, y le confiere a la imagen un aspecto como de grabado.

Elaborar una imagen a la acuarela de una manera poco convencional como esta incrementa las posibilidades creativas del artista.

Truco Prueba a usar pinturas especializadas (fluorescentes, perladas o incluso fosforescentes) para obtener resultados todavía más curiosos.

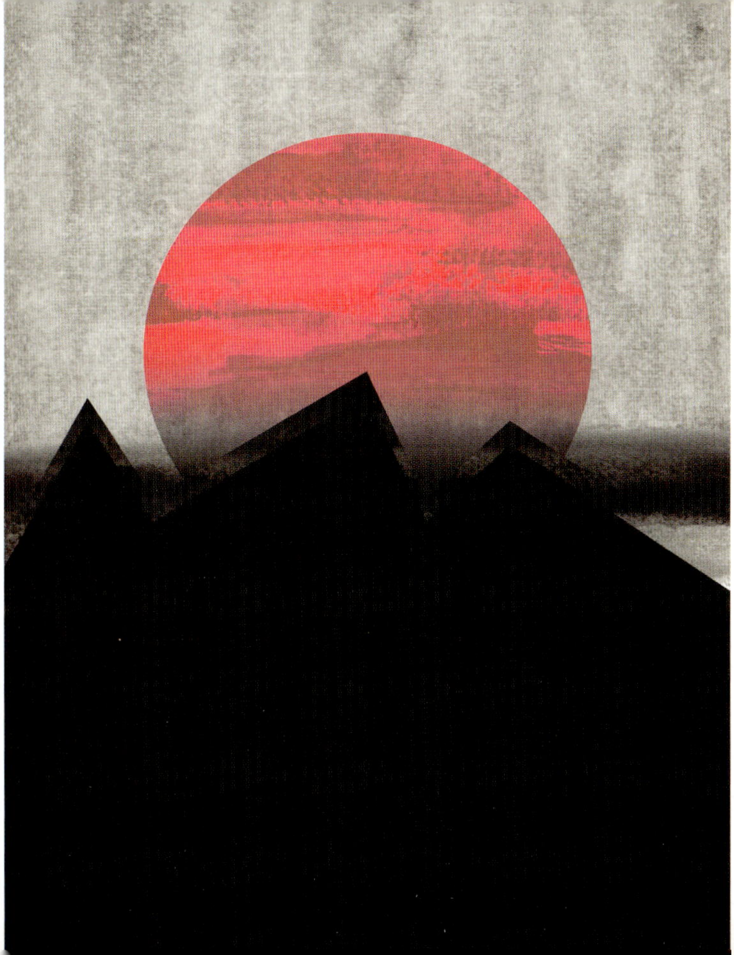

Usar software de ilustración

Kotryna Žukauskaitė

Con esta obra, *Late Night Coffee*, la artista se planteó el reto de mezclar técnicas digitales y manuales y de encontrar el modo más rápido de producir ilustraciones digitales con un aspecto de collage hecho a mano.

La textura de la superficie metálica de la cafetera se ha creado aplicando con pincel una mezcla de acuarela y tinta en húmedo sobre húmedo en papel blanco. La irregularidad del lavado, donde se aprecian marcas de secado y acumulación de pintura, resultó ideal para este trabajo. Estas texturas se pintaron aparte y se escanearon para usarlas como "muestras" en el programa de ilustración Adobe Illustrator y después rellenar con ellas el dibujo de la cafetera. Entre los detalles de la imagen destacan el fogón estilizado, la franja central de estampado estarcido y un adecuado penacho geométrico de vapor. Componer la cafetera sobre un fondo ligeramente texturado le da un toque artesanal a esta imagen tan "de diseñador".

Truco El nombre de esas "muestras" que se emplean en software gráfico deriva de las muestras de telas. Hoy, en Photoshop e Illustrator, una muestra es un color o textura que se puede guardar para su uso futuro. Se pueden emplear estas muestras para seleccionar con rapidez colores, texturas y motivos sin tener que volver a pintarlos cada vez.

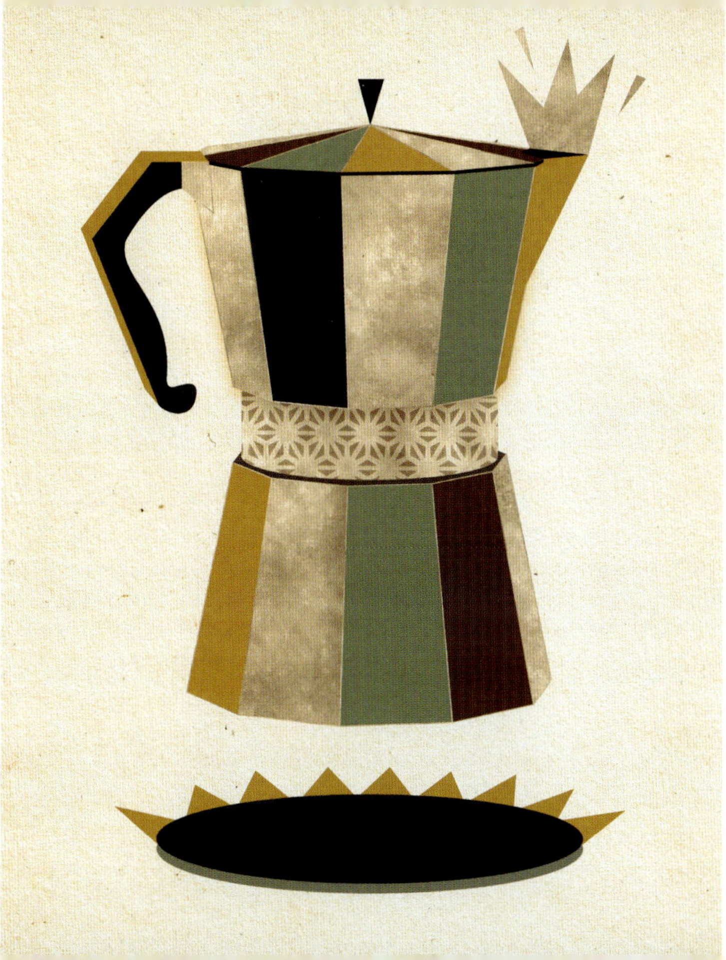

Contar una historia

Helen Hallows

Conocer más íntimamente un lugar muchas veces nos puede animar a crear imágenes que cuenten una historia. Los motivos pintados en esta ilustración, *A Slow Spring*, tienen más que ver con una serie de experiencias que con un lugar concreto. El lavado de gris que compone el fondo constituye el escenario en el que un sol pálido irradia círculos concéntricos de luz que apenas disipan ese gris. Las dimensiones de los objetos corresponden a su importancia en la narración más que al tamaño que se espera de ellos: el nido de un pájaro es más grande que un árbol; las nubes y el arcoíris aparecen a nivel del suelo, y un parterre de flores parece flotar en donde deberían estar las nubes.

En esta pintura se han usado técnicas mixtas y de superposición de capas que normalmente encontraríamos en una pieza de encaje textil. Se han empleado diversas técnicas de acuarela: húmedo sobre húmedo, salpicado y blanqueado (esta última consiste en "enmascarar" el color; se ha usado en el árbol y en la lluvia, por ejemplo). Además, se han combinado un collage de papeles reutilizados, detalles trazados a tinta y cosido a máquina para crear una superficie sumamente texturada y muy interesante. El sutil uso de matices de color evoca la humedad de un día de primavera, cuando falta poco para que lleguen a este jardín los vivos colores del verano.

Truco Usa una máquina de coser sin hilo para perforar el papel, antes o después de pintarlo. Si lo pones contra una fuente luminosa o en una mesa de luz, lograrás efectos muy interesantes.

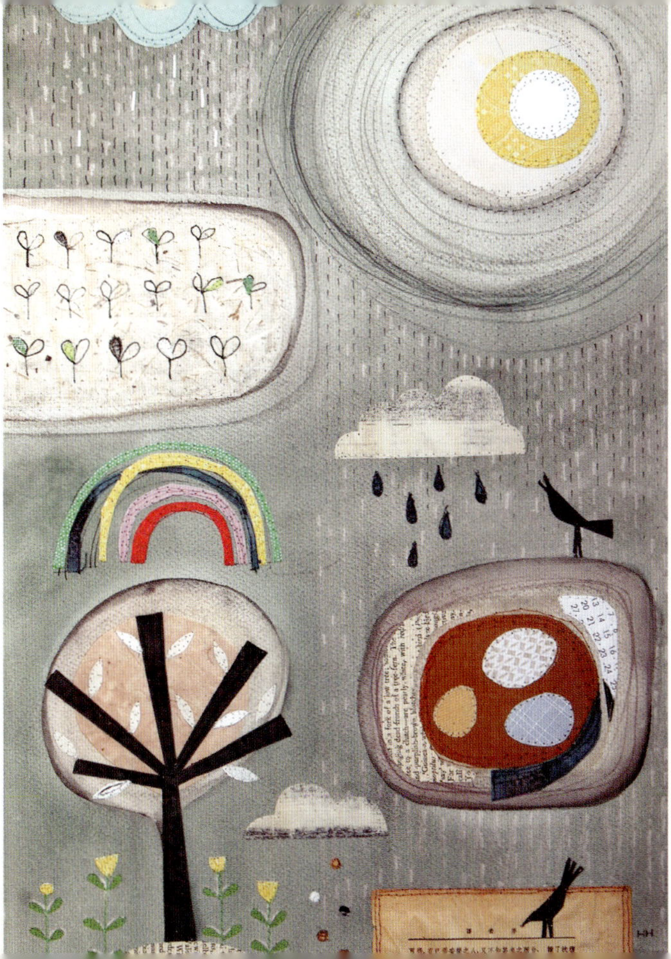

Usar colores primarios

Marcus Oakley

Cualquier ilustración pintada íntegramente con colores primarios tendrá un aspecto algo tosco y tal vez un punto infantil o naíf. Eso se debe a que rara vez no mezclamos colores para crear otros nuevos. En la elaboración de esta obra, *Still Life*, se emplearon varias técnicas y métodos, como pintura, dibujo, recorte y collage. Se colocó cinta de pintor de manera temporal a partir de la línea central de un tablero de acrílico y se rellenó toda la parte inferior con tinta de color escarlata. Los tres objetos (la planta, el cactus pequeño y la piña) se pintaron por separado, se recortaron y después se montaron en forma de collage. El papel en el que se pintaron tiene una superficie distinta de la del tablero; el color no se adhiere del mismo modo. Se distinguen sobre todo aquellas partes de las pinceladas azules en las que la pintura ha empapado el papel. El artista no ha hecho nada por disimularlas. Se ve la superposición del color translúcido allí donde se ha aplicado, y aparecen toques de color secundario en esta imagen que rezuma espontaneidad.

Truco Para pinturas de este tipo, emplea una superficie blanca natural, sin blanqueadores ópticos que puedan afectar adversamente al brillo de los colores.

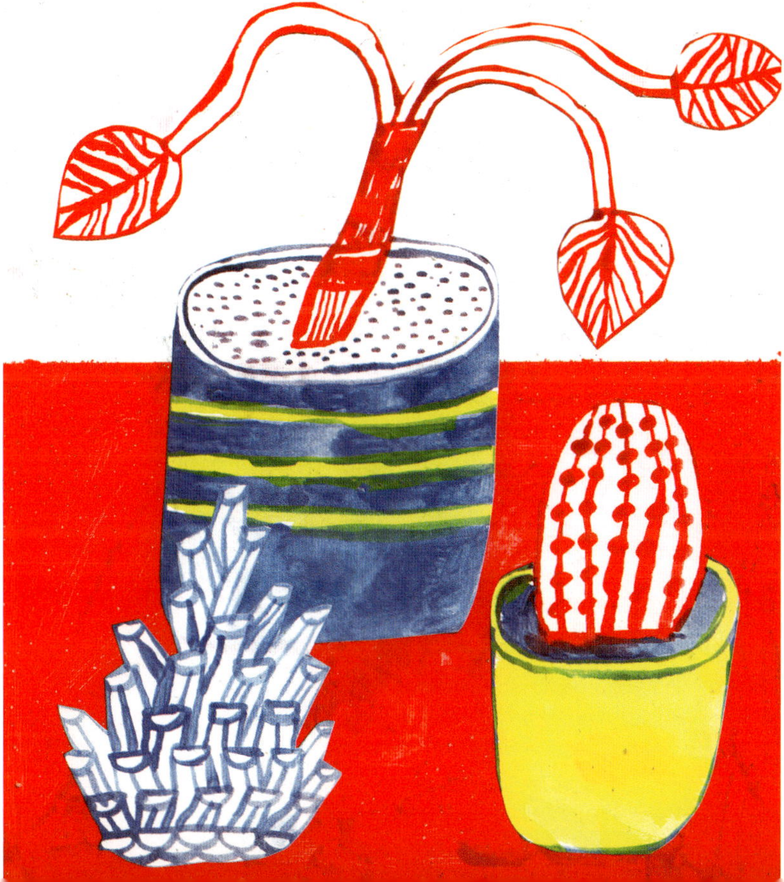

Colaboración

Sandra Dieckmann / Jamie Mills

Esta pieza, *Turtle*, forma parte de una serie sobre animales en peligro de extinción y es fruto de la colaboración de dos artistas. Cada una se responsabilizó de determinados elementos de la escena. Jamie Mills se encargó de dibujar los corales, las rocas y las algas ondulantes, y Sandra Dieckmann se ocupó de la tortuga. Los distintos estilos y materiales funcionan bien en conjunto debido a que el color de la imagen se limita básicamente al negro, el blanco y el gris.

El caparazón de la tortuga está compuesto por grises cromáticos (tonos de gris que contienen un toque de otro color). Se aplicó un lavado de acuarela a varios papeles previamente arrugados y después alisados, lo que da lugar a texturas interesantes. Después se escanearon estos papeles y se editaron en Photoshop antes de componerlos de manera digital para rellenar el dibujo del caparazón de la tortuga. Se añadieron más colores en húmedo sobre húmedo en las patas del reptil. En acentuado contraste, el fondo marino se ha dibujado a lápiz con una textura muy rica y en tonos negros y grises. Desde este fondo se alzan algas de color azul vivo, naranja rojizo opaco y amarillo translúcido.

Truco Los grises cromáticos, creados mediante la mezcla de pintura al gouache de dos colores complementarios con blanco, abarcan un amplio espectro de variaciones posibles. Prueba a mezclar azul de ultramar con siena tostado, por ejemplo. Si añades más azul obtendrás un gris frío, y si mezclas naranja o rojo, un gris cálido. Crea una carta de colores y de sus matices para tenerla a mano y apunta tus descubrimientos.

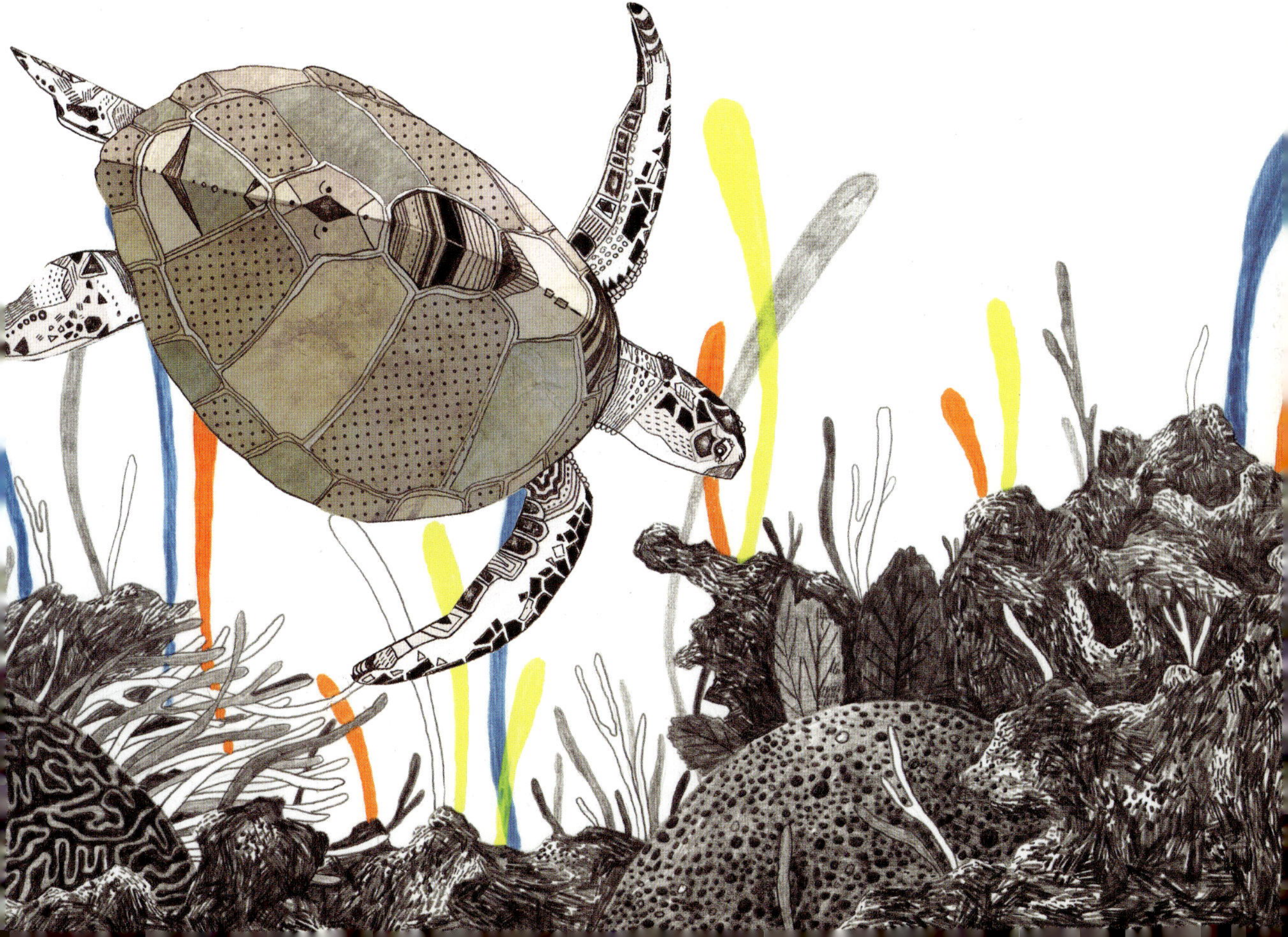

Elegir el papel

Tracie Huskamp

Un factor crucial a la hora de trabajar con acuarelas es conocer la superficie sobre la que se va a pintar. Es importante que el papel sea lo suficientemente absorbente, o que esté tensado, para que no se abombe y se deforme al aplicarle materiales húmedos. En esta pintura, *Leap*, los papeles se han empleado a modo de referencia y como acompañamiento de la pintura, que es el conejo central.

Esta miscelánea de papeles incluye una hoja impresa antigua, el margen desgarrado de un periódico, un trozo de papel vegetal estampado y un recorte irregular de un papel que tiene un galeón impreso. Esta combinación de collage y pintura funciona bien porque la colección de papeles históricos proporciona una paleta de color que sirve de referencia para pintar el conejo. La zona pintada se ha elaborado por capas, con tonos que combinan con los colores del collage de papeles. Algunas capas se aplicaron en húmedo sobre húmedo y otras en húmedo sobre seco. La artista ha empleado una técnica de pincel seco para fusionar pinceladas a modo de veladuras, que resulta ideal para representar la textura del pelaje del conejo.

Truco Emplea la técnica de veladuras con pincel seco para crear una especie de malla de pigmento opaco sobre otro color y lograr así que este quede menos brillante y dominante.

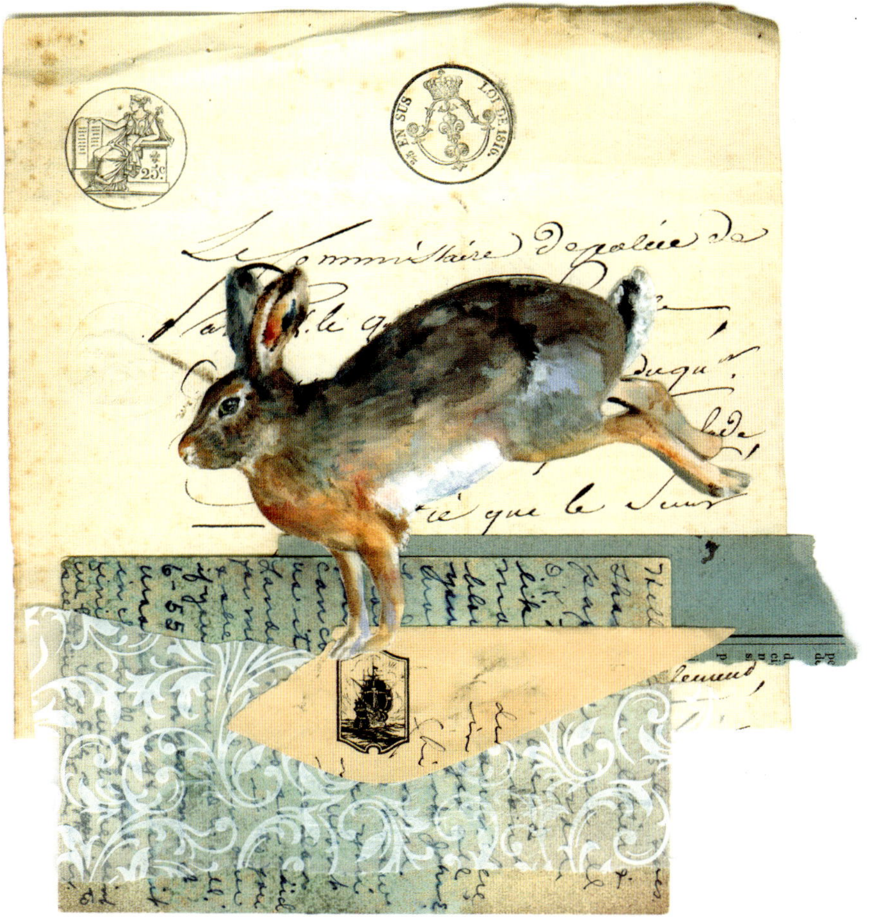
EN SUS
LOI DE 1816.
25c

Trabajar sobre una pintura previa

Valéria Kondor

Los artistas de vez en cuando crean algo de manera impulsiva y espontánea, sin mucha planificación y reaccionando a lo que les parece adecuado en ese momento. En lugar de centrarse en los detalles, les apetece plasmar visualmente una idea. Esta imagen, titulada *Nothing Compares to Play*, comenzó como cuatro trazos de acuarela sobre un tema arquitectónico. La artista no quedó muy contenta con ella, de modo que la apartó sin terminarla. Dos años más tarde la volvió a sacar. Trabajó sobre ella a base de tonos más densos de azul grisáceo y elementos de collage. Encima de ello adhirió trozos de papel. Ese efecto de collage se aprecia con más claridad en la forma orgánica blanca que aparece en la esquina inferior derecha y en las pequeñas ventanas apuntadas de la parte superior izquierda. Por encima se han aplicado formas abstractas con gouache gris, algunas con marcas visibles de pincel seco. Luego se añadieron detalles más finos en forma de trazos de tiza, borrones azules en húmedo sobre húmedo, líneas rascadas, y puntos y rayitas blancas.

Truco Al añadir capas de gouache, ten en cuenta que su color suele cambiar cuando se seca. Los tonos más claros se oscurecen un poco al secarse, mientras que los más oscuros tienden a aclararse.

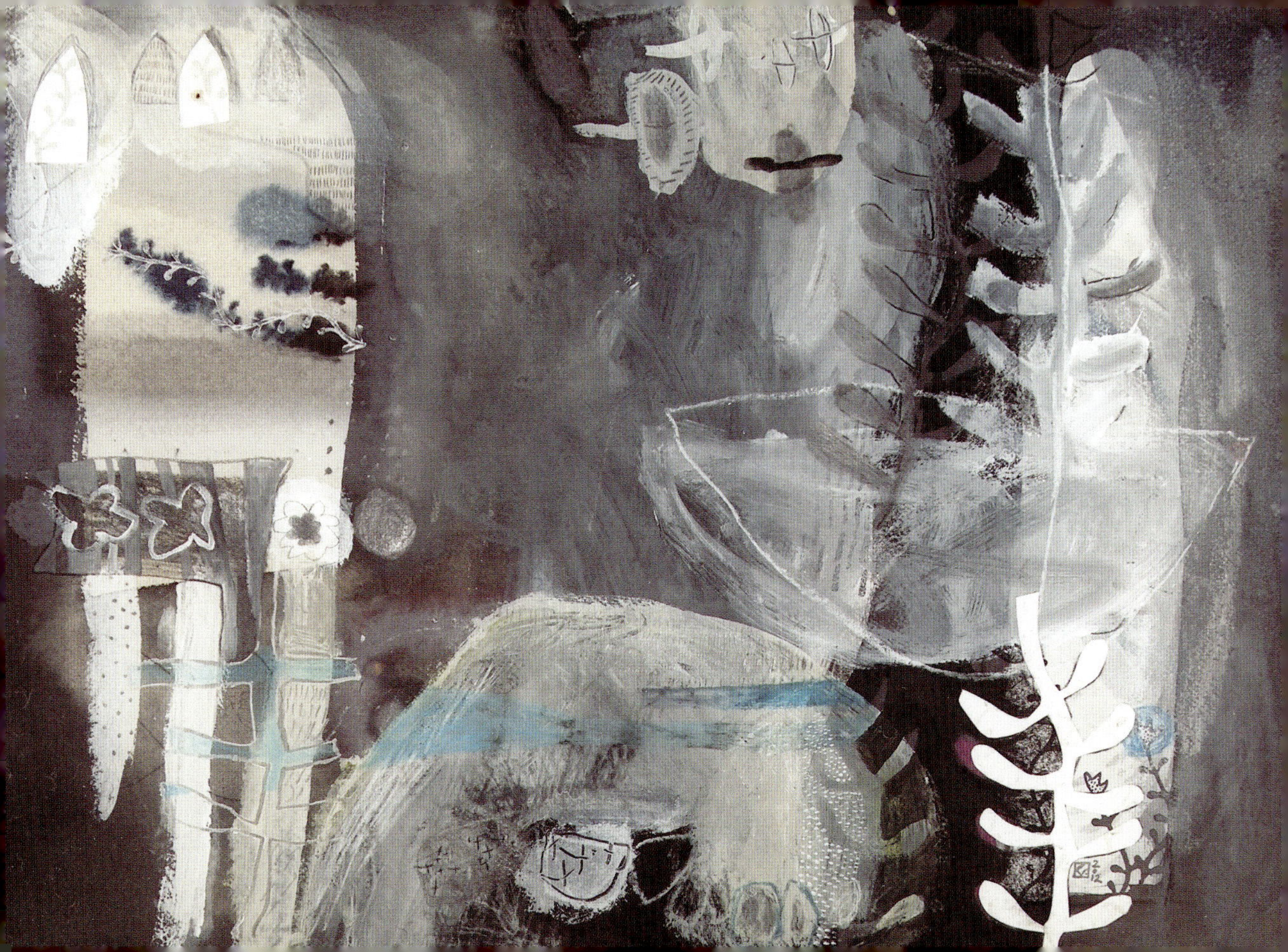

Pintar con un toque de humor

Marcus Oakley

Esta pintura combina un toque de diversión con una seguridad en sus trazos que solo se obtiene a base de mucha práctica y paciencia. El artista ha dedicado tiempo a averiguar qué le funciona bien, y eso se nota mucho en este ejemplo.

El punto de partida de esta ilustración, titulada *Big Hair*, fue el rostro, que se dibujó con un lápiz de acuarela justo en el centro de la página. Los trazos son gruesos y firmes, dibujados directamente sin boceto previo. Los rasgos faciales muestran un estilo particular, que recuerda en algo a los retratos bizantinos y evoca también los picassianos. No hay duda de que tiene cierto aire retro.

La dramática cabellera —cuyo color está entre el siena tostado y el rojo veneciano— se pintó en una hoja de papel aparte y, una vez seca la pintura, se recortó con tijeras. La pieza de ropa azul de forma vagamente rectangular se añadió de manera parecida. Por último, se pintó el carmín de las mejillas.

Truco No desperdicies la pintura. Aprovecha los restos del tubo o lo que queda en la paleta para pintar papeles. Guarda esas muestras para hacer luego trabajos de collage como este. También puedes archivar de manera más formal tus muestras de papel pintado, añadiéndoles notas sobre cómo mezclaste los colores, la marca de las pinturas, etcétera.

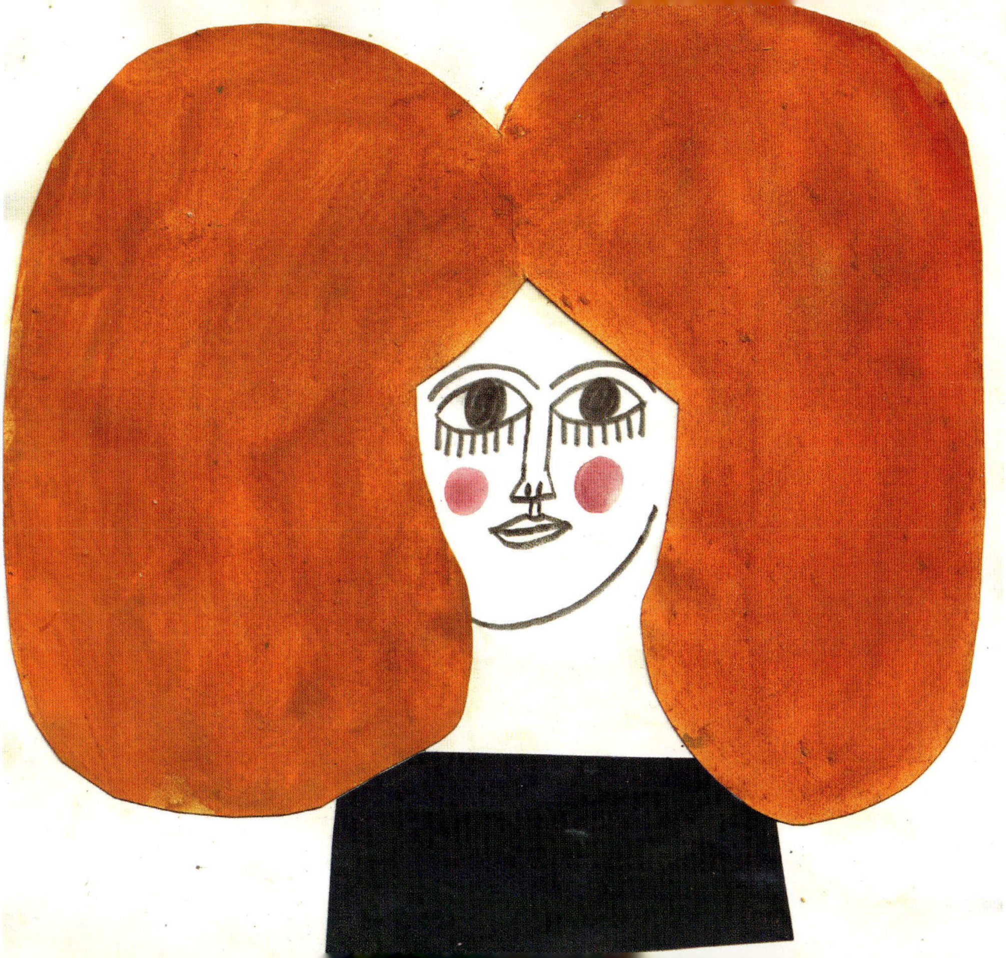

Collage con bordados

Julie Van Wezemael

Esta extravagante imagen de un gato con curiosos rasgos humanos, titulada *Birthday*, se elaboró de una manera particularmente desenfadada. La ropa que lleva está hecha de papeles reaprovechados, algunos escogidos por sus motivos impresos y otros porque daban margen para decorarlos posteriormente. El gato en sí se pintó a base de lavados de pintura acrílica negra, y su vestimenta recortada y pegada se embelleció con pintura al gouache, telas e hilo. El bordado a máquina aporta definición al pelaje de la cabeza del gato y también a las plumas del pájaro que este acaricia. Con lápiz blanco se resaltaron los ojos del gato y se mezcló también blanco en sus mejillas para darles forma. Los diversos trozos de papel decorado se recortaron con un cúter en la forma deseada y se dispusieron sobre la página, recortándolos más donde fue necesario antes de encolarlos definitivamente.

Incorporar elementos de collage en tu ilustración puede animarte a experimentar más con la pintura. Si hay algo que no funciona, no tienes más que recortarlo y desecharlo.

Truco No intentes cortar los papeles que has pintado cuando están todavía húmedos, pues lo más probable es que se rasguen. Deja que se sequen del todo para poder recortarlos y que tengan unos bordes limpios y nítidos.

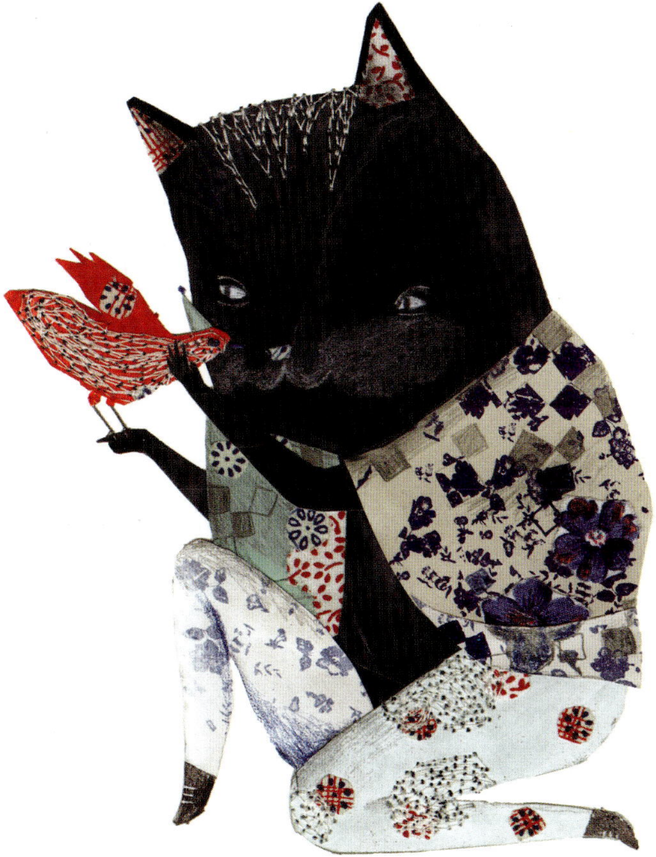

Usar materiales reaprovechados

Kasia Breska

La intención de esta imagen, titulada *I Found Them Upon the Nobody Place*, es transmitir una sensación espacial de un modo distinto al habitual. La autora trata esta imagen en técnica mixta como un paisaje que ha experimentado, descubierto y construido, pero que ha decidido no plasmar de una manera naturalista.

Este es un paisaje montado a base de muestras halladas en él. Ciertas partes son detalles captados en primer plano con una cámara, y otras se han dibujado a partir de muestras llevadas al estudio y observadas a través del microscopio. Hasta el agua de río recogida en estos viajes al lugar retratado se ha usado en la mezcla de lápiz de acuarela diluido empleada para aplicar el lavado de color del fondo, que se ha vertido sobre el papel y se ha dejado correr por su superficie.

El fondo de color fluido y los prismas triangulares contrastan a la perfección. Los contornos de los cristales azules se han trazado a mano alzada con lápiz, lo que confiere un aire un poco más natural a sus líneas geométricas. Los rellenos azules modulados conservan las marcas dejadas por los lápices de acuarela, suavizadas por la sutil presión de un pincel cargado con agua del río. Un collage de pedacitos de papel de sobre y trozos de papel de calco realza la superficie de la ilustración.

Truco Los acuarelistas suelen poner mucha atención a la hora de adquirir el papel adecuado para pintar. Prepárate para experimentar y trabajar sobre superficies "inadecuadas". ¡Los resultados pueden sorprenderte!

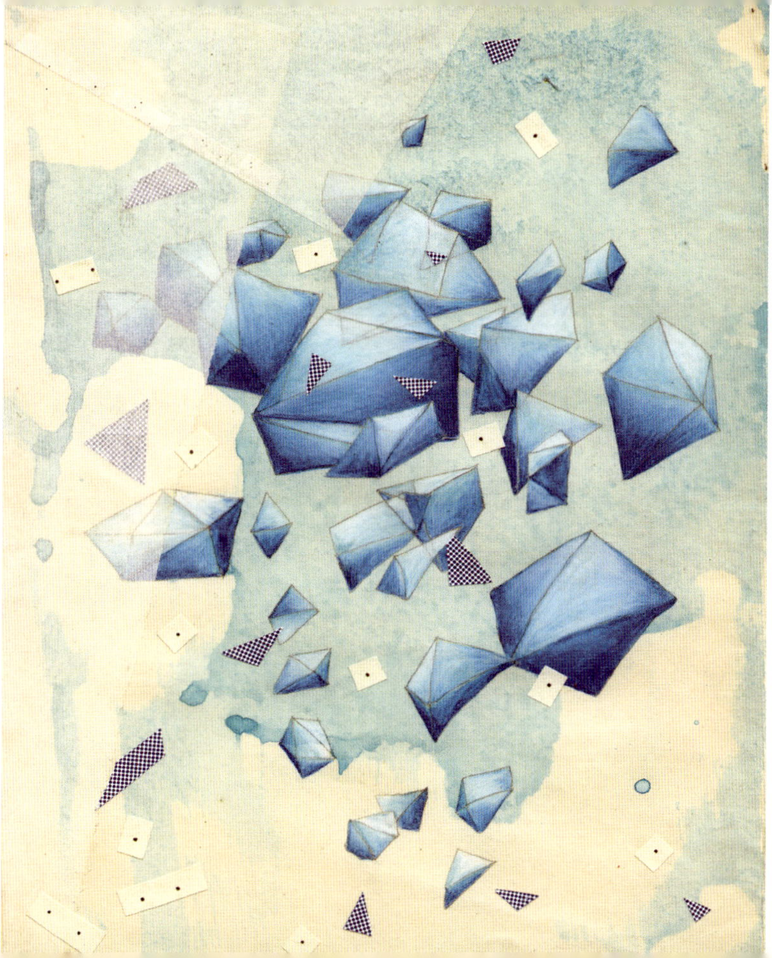

Pintar mascotas

Itsuko Suzuki

En esta pintura, *Borzoi*, un galgo ruso posa su triste mirada en nosotros. El retrato se ha hecho con rapidez, no para plasmar con fidelidad al perro antes de que se moviera, sino porque es algo que caracteriza el estilo de esta artista y que hace que este retrato, fluido y casi infantil, parezca fácil. Con un pincel ancho y con mucho cuidado, se aplicaron lavados de pintura acrílica crema, en húmedo sobre húmedo, para crear la forma básica de la cabeza y los hombros del perro a base de sutiles modulaciones del color.

También se aplicaron en húmedo sobre húmedo las manchas algo azuladas que rodean los ojos y el hocico negro, mientras que los ojos de un negro azabache, más definidos, se añadieron después, cuando el lavado se hubo secado del todo. Los últimos toques se dieron con lápiz de acuarela azul: los trazos que crean la impresión del pelaje y los contornos que añaden definición a los ojos, las orejas y el hocico.

Truco Si quieres que la pintura acrílica fluya más y así obtener un efecto de acuarela, mejor que agua, añádele un aditivo fluidificador para acrílicos. Actúa como retardante del secado y también reduce la pérdida de color.

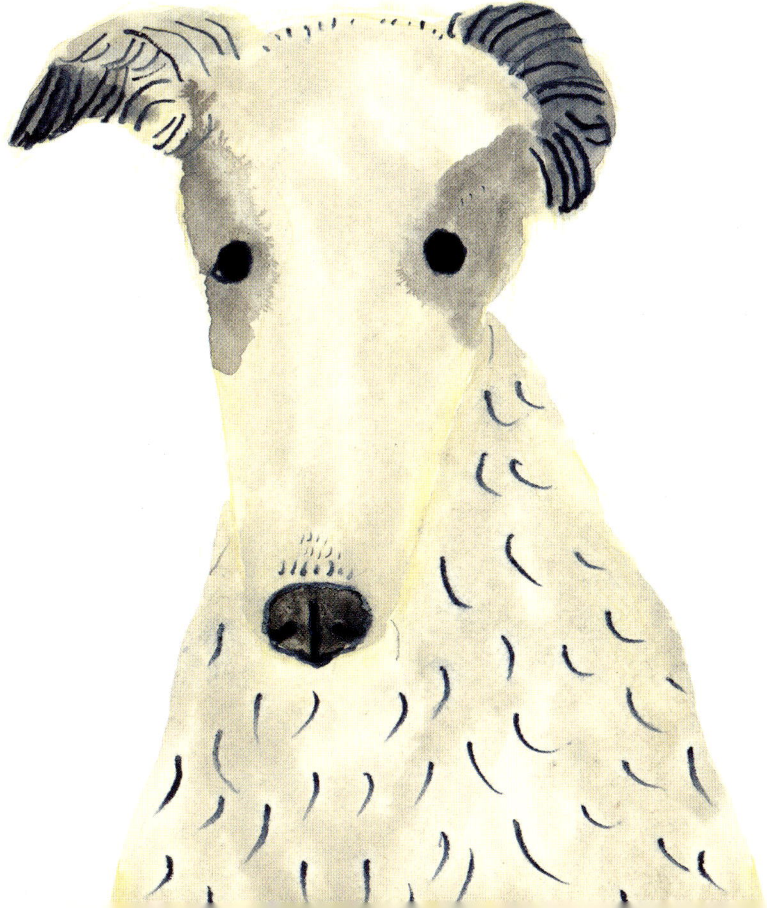

Alternativas a la acuarela

Sandrine Pelissier

Se puede obtener un efecto de acuarela con otros materiales. En esta pintura, *Morning Walk*, se ha empleado acrílico líquido, que es una buena alternativa a la acuarela cuando se pretende pintar sobre una superficie no preparada. La diferencia más importante entre una pintura acrílica y la acuarela es que la primera es impermeable, lo que supone que determinadas técnicas propias de la acuarela no funcionarán una vez se haya secado.

Esta escena forestal se ha pintado a toda prisa, dejando visible el esbozo a lápiz mientras la superficie seguía activa (es decir, húmeda). El acelerado ritmo de trabajo se aprecia a simple vista en los borrones de color que se producen cuando se añade pintura fresca a un lavado de color que sigue todavía húmedo. Al aplicar este efecto, es importante tener en cuenta las combinaciones de colores: en esta pintura se han empleado tonos armónicos de verde y azul (colores que están yuxtapuestos en el círculo cromático). En la mezcla se ha usado un tono rojizo cálido para unificar los colores más vivos de un modo más naturalista pero sin llegar a enturbiarlos. Se han usado también un fijador y un barniz Krylon para proteger la imagen para su exposición. Las obras realizadas con técnica mixta suelen presentar superficies poco estables, por lo que es conveniente aplicarles algún producto que las fije, las estabilice y las proteja.

Truco Los espacios en blanco dejados intencionadamente en esta pintura son una parte importante de su diseño. Prepara tu superficie con un líquido enmascarador o con cinta de pintor para obtener formas orgánicas parecidas. Ambos productos pueden eliminarse cuando la pintura se haya secado para dejar expuesto el blanco de la superficie.

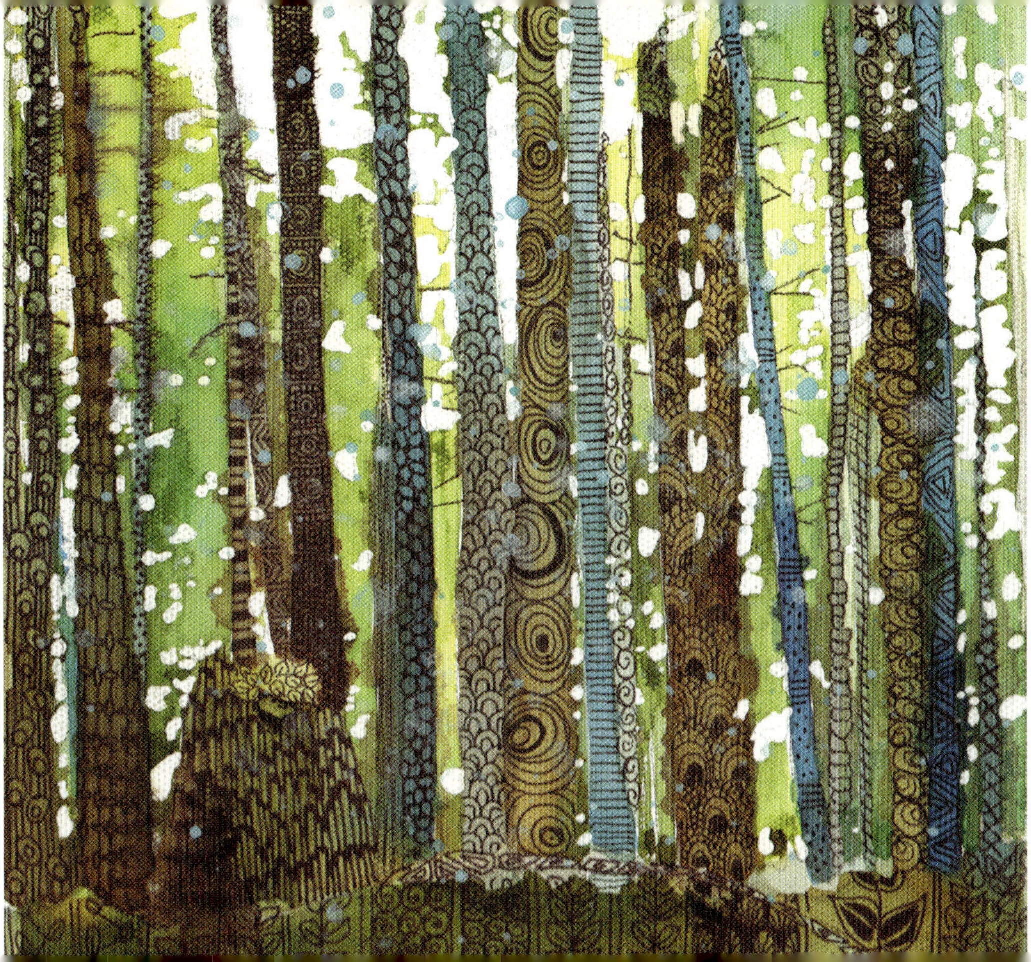

Un bodegón innovador

Junyi Wu

Es bastante habitual usar plantas domésticas como motivo para pintar un bodegón. Lo que ya no es tan normal es sacarlas cuidadosamente de sus tiestos para que las raíces formen parte de la pintura, como se ha hecho en esta obra, *Roots*. Curiosamente, la autora ha decidido excluir del dibujo cualquier mesa o superficie sobre la que colocar las plantas. Se encuentran suspendidas en un espacio en blanco, un poco como las mariposas clavadas con alfileres en una vitrina o los especímenes expuestos en un museo, lo que anima a examinarlas con más detenimiento.

La imagen se hizo en seco sobre seco aplicando trazos cruzados, capas y sombreados de lápiz de acuarela sobre papel blanco liso BFK™ (un papel para impresión que no se deforma al mojarlo). Después se aplicó agua limpia con un pincel fino para reforzar el color de las raíces amarillas y de los negros más intensos. Ese mínimo uso de agua hace que se conserven los trazos de lápiz, lo que lleva a estas ilustraciones a estar a caballo entre el dibujo y la pintura.

Truco Es importante saber cómo funcionan los lápices solubles de acuarela antes de comprarlos. Los más blandos se diluyen con más facilidad y se parecen más a la pintura de acuarela, mientras que con los duros se generan unos lavados más tenues pero son buenos para trazar detalles finos.

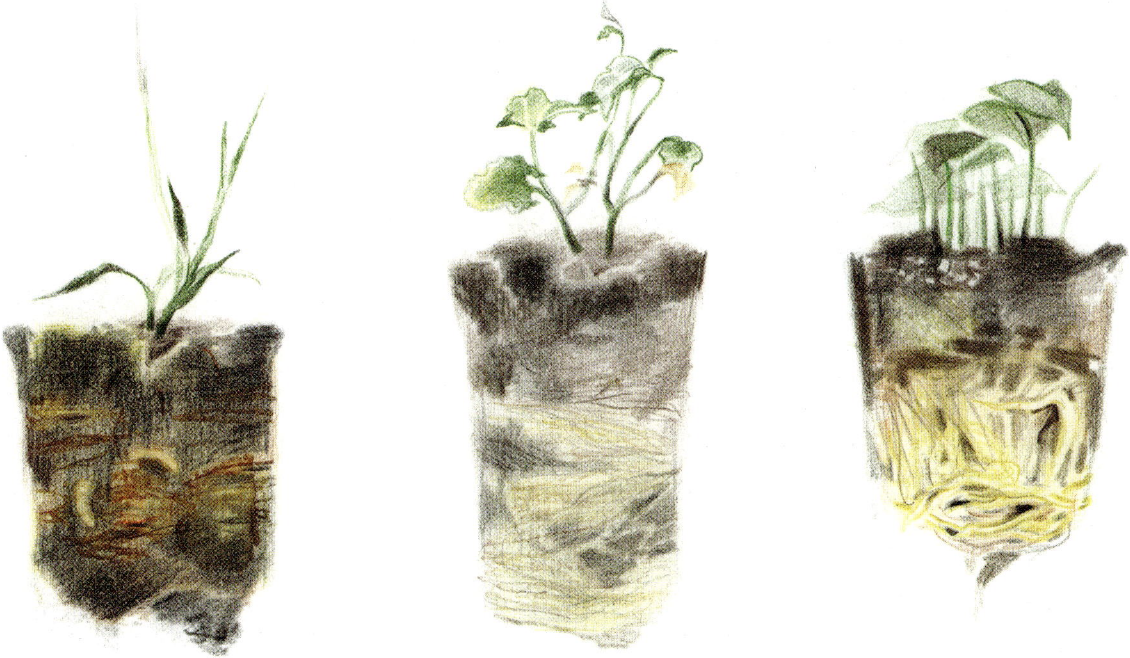

Mezclar acuarelas y acrílicos

Paul Bailey

Las dinámicas pinceladas, la mezcla de pinturas y la imprimación con gesso de la superficie dan especial interés a este paisaje, *Welsh Farmhouse*. La textura de la exuberante hierba verde se creó con un pincel grande de pelo de cerdo, una opción poco habitual para pintar a la acuarela, puesto que ese tipo de pinceles son mucho más rígidos y planos, y su punta suele ser recta, inclinada o redondeada.

Para pintar se ha usado una mezcla de acuarela en tubo sin diluir y pintura acrílica de secado lento, que incrementa su flexibilidad y alarga el tiempo de secado. Los largos trazos verticales dejan surcos y marcas irregulares de las cerdas a su paso, y el elevado horizonte realza el impacto visual de la zona herbosa. Como contraste de todo ello, el cielo se ha elaborado a base de una serie de pasadas de lavados de color sutilmente mezclados en húmedo sobre húmedo, cuyos tonos grises con toques de verde logran que los colores de la cabaña de piedra armonicen con el paisaje que la rodea. La cabaña se alza contra el cielo, y sus detalles se han trazado con pinceles y plumas mucho más finos. Parte de las piedras que se ven distribuidas por la hierba se dibujaron mediante efectos de rascado de pintura.

Truco El gesso para preparar superficies de pintura puede comprarse ya premezclado. Aquí se ha empleado sobre papel, pero también puede usarse para cubrir —o, más exactamente, para imprimar— otras superficies, como tableros de madera, lienzos e incluso objetos tridimensionales. Para aplicarlo, dale una mano a la superficie en una dirección, déjalo secar bien y dale una segunda mano en otra dirección. Se puede lijar para obtener una superficie muy lisa y suave.

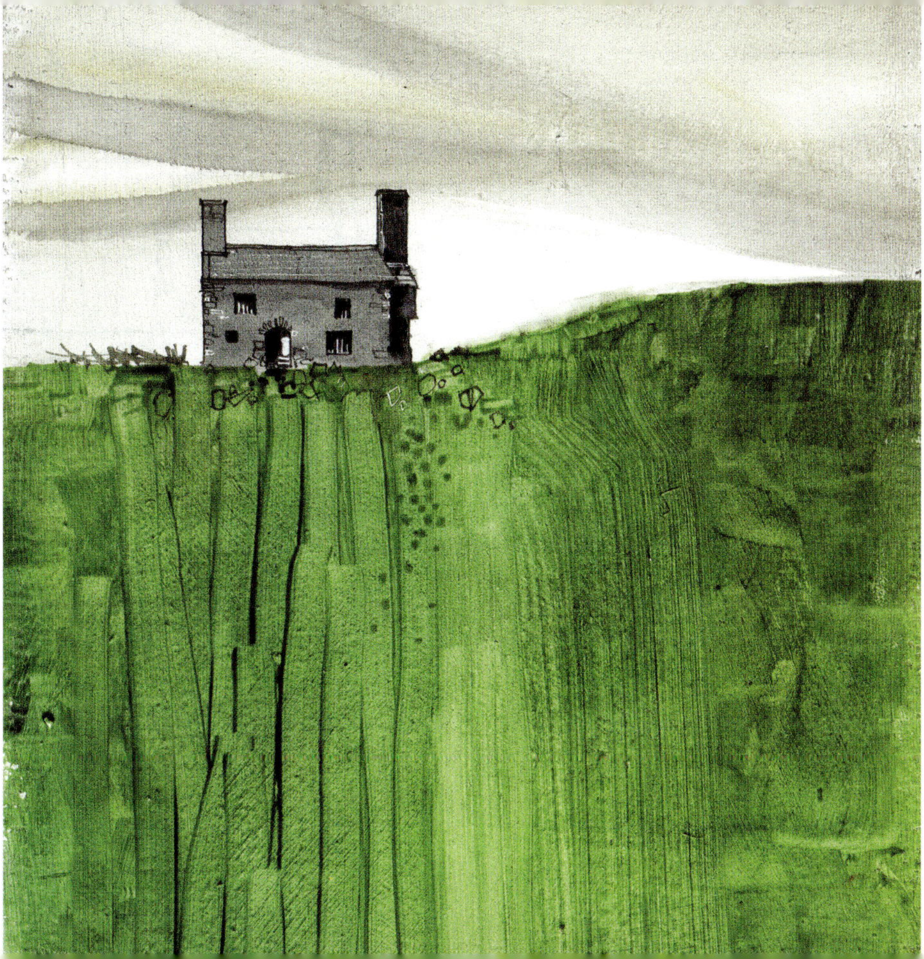

Crear una ilusión espacial

Hatsuki Miyahara

En esta pintura con acrílicos, titulada *Cycling*, se generan impacto visual y sensación de espacio por medio de lo que parecen unos arbustos ovalados que se adentran en el encuadre desde la izquierda. Una figura aparece en bicicleta por la parte central, alejándose del espectador. Los objetos que aparecen a su izquierda dan presencia a ese espacio por el que circula la ciclista. La diagonal que marca el parterre en el centro de la imagen contribuye a "activar" esa ilusión de profundidad y a crear perspectiva.

El color se ha aplicado con ingenio. Su impacto visual es obvio —la imagen se usó como pieza promocional para una revista japonesa y tenía que ser llamativa—. Los colores de la vegetación (rojo, verde, turquesa, escarlata, naranja, cereza) se superponen para dar lugar a nuevos tonos. Aunque parezca una fusión óptica de capas de lavados de color, no lo es. Se hizo a base de mezclas de pintura acrílica diluida.

Truco Se pueden comprar papeles para acuarela de algunos colores; los hay en crema, avena, huevo, azul y gris. Vale la pena experimentar con estos papeles coloreados.

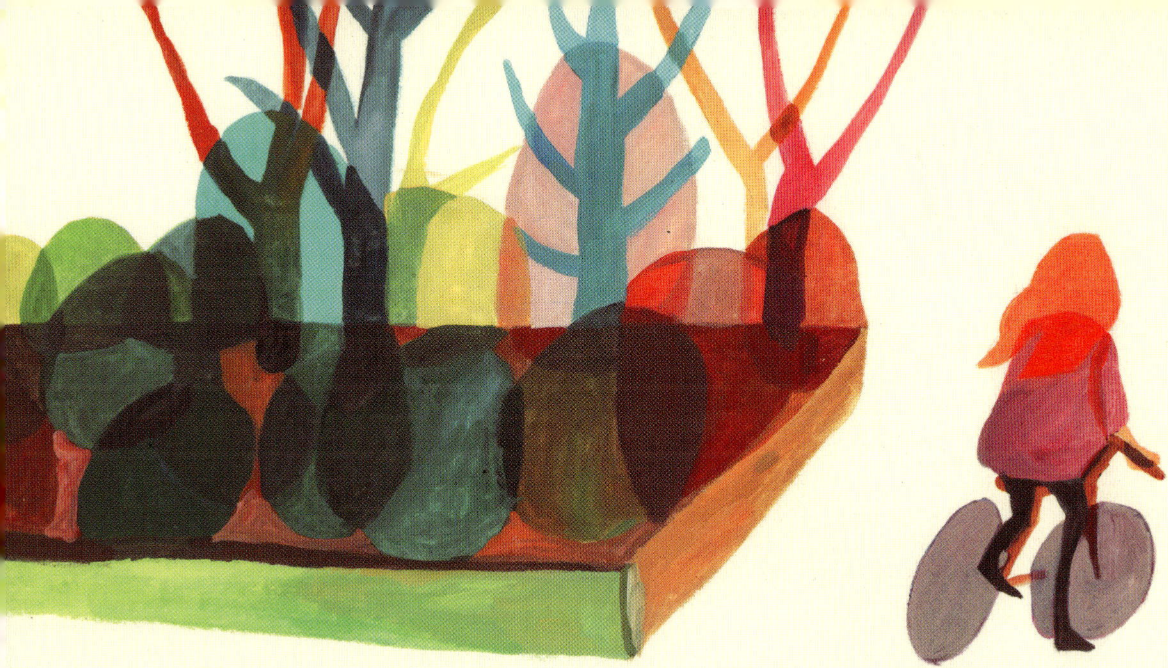

Opacidades variables

Nikki Painter

Esta colorida obra abstracta, titulada *10 (Verge)*, se dibujó y pintó sobre un collage de varias capas de papel. Distintas formas y motivos geométricos compiten entre sí y se inclinan hacia uno y otro lado. El empleo de diagonales, que suelen sugerir movimiento, confiere dinamismo a la composición, al igual que el audaz uso del color. En la parte derecha se usaron lápices de acuarela para crear los bloques romboideos de color sobre diversos papeles rayados en negro. Forman un vivo mosaico de rosas y amarillos lima y limón, que se confronta en la parte inferior con una versión del mismo mosaico en grises. Esta zona atenuada aprovecha ingeniosamente los negros de los papeles del fondo. La parte de la izquierda se rellenó con los mismos lápices pero aplicados de manera más opaca (con un pincel y un poco de agua se puede incrementar más todavía esa opacidad). Y la parte que queda más a la izquierda se pintó con gouache en tonos que son matices de los colores empleados en las demás partes de la imagen.

He descrito esta imagen dividiéndola en secciones, pero en realidad se trata de una ilustración hecha a base de elementos superpuestos que se leen como uno solo. No es mala idea darle otro vistazo para ver cómo se combinan y se superponen esas transparencias de color, que se han aplicado con mucha sutileza.

Truco Es útil disponer de una colección de papeles con estampados sutiles. Una buena fuente de este tipo de papeles son los interiores con impresiones de seguridad que tienen algunos sobres.

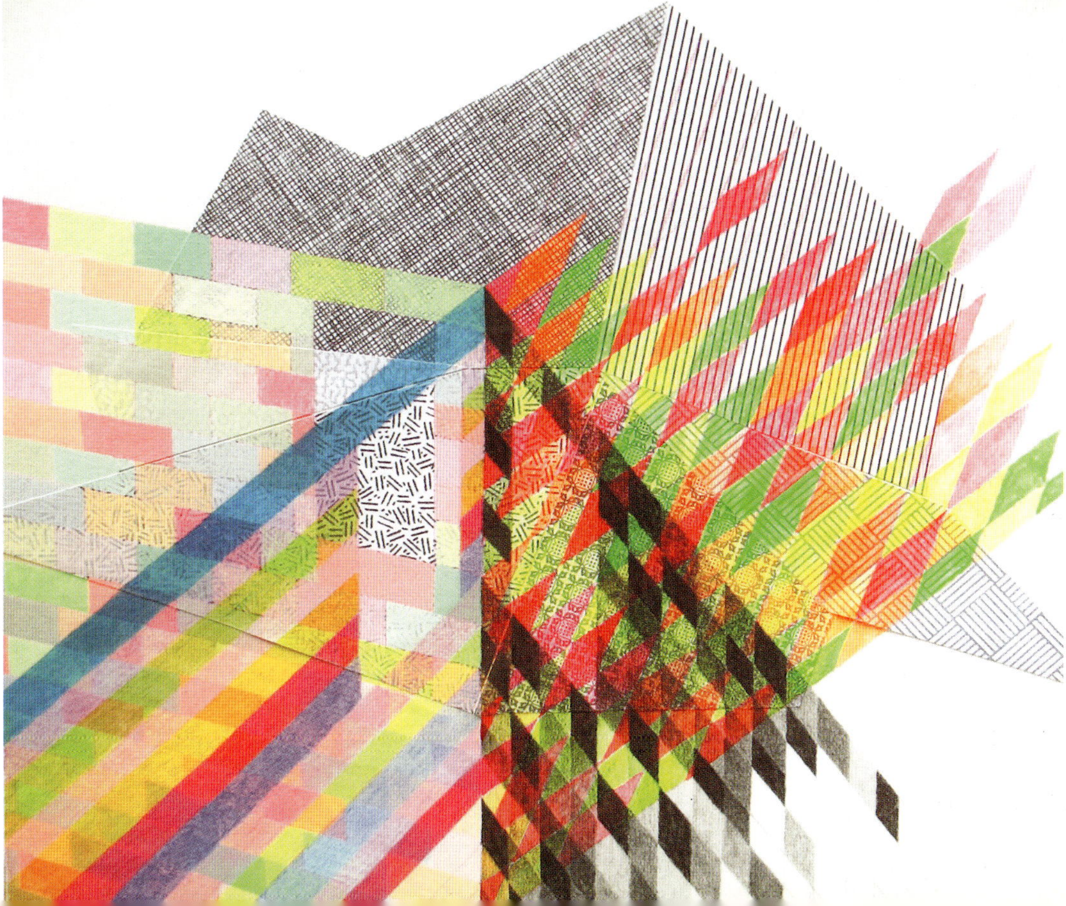

Pinturas solubles y no solubles

Lieke van der Vorst

Esta imagen cargada de sensibilidad, *Winter Hug*, se halla a caballo entre el dibujo y la pintura y en ella se han empleado diversos materiales, como lápices de acuarela, lápices normales de colores y tinta negra. Los lápices se usaron para acentuar la textura superficial del papel; su aplicación consigue verdaderamente sugerir la textura lanosa de esos grandes abrigos de invierno que llevan las figuras. Los lápices normales y la tinta negra se usaron porque son permanentes (y no solubles en agua), lo que ayuda a que la imagen se conserve nítida y definida.

Los lápices de acuarela son adecuados para usarlos tanto sobre papel seco como húmedo, y sus trazos pueden diluirse con un pincel mojado. En este caso se ha empleado un pincel pequeño sobre papel seco para mezclar con cuidado las zonas negras de las manoplas, los calcetines y los zapatos, y también para dar unos pequeños toques de amarillo ocre y siena tostado.

Truco Cuando apliques acuarelas a una imagen que incorpora otras técnicas, hazlo con un pincel más bien pequeño para evitar en lo posible que se emborronen los detalles al pintar sobre papel previamente pintado.

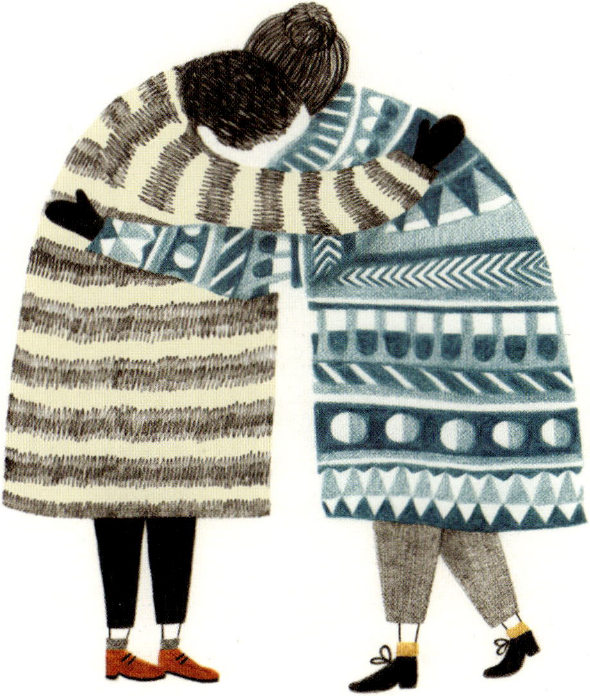

Lavados superpuestos de acrílico

Yoshinori Funayama

La perspectiva elevada que presenta esta pintura, *Twins' Room*, nos ofrece una visión interesante de los objetos que en ella aparecen. Nos vemos mirando a las dos gemelas desde arriba, desde donde también podemos divisar la parte superior de la mesa y del piano. Curiosamente, el gato está más o menos a nuestro mismo nivel y, a su vez, nos observa.

La imagen tiene una textura granulada, producto de la superficie del tablero de madera y de las capas de lavados de acrílico que componen su base y que le dan calidad pictórica. La parte marrón verdosa es, concretamente, muy característica de los lavados superpuestos de pintura acrílica. Estas capas casi transparentes de pintura se aplicaron en forma de lavados muy finos sobre la superficie, por lo que dejan pasar el color y la textura a su través. Cabe señalar que la pintura acrílica aplicada en capas tan finas se seca muy deprisa y es permanente, lo que permite pintar sobre ella sin problemas. Eso también supone que se puede eliminar y alterar con agua, con un pincel o trapo, igual que se hace con la acuarela. Ciertas partes de la obra se elaboraron de manera digital. La alfombra ovalada de color gris que hay bajo el piano y el vestido negro de la niña de la derecha se crearon en Photoshop, cuidando de que se fusionasen bien con el resto de la ilustración. Después se añadieron los raspados superficiales y los detalles a lápiz y a tinta.

Truco Puedes dar un efecto desgastado a la superficie si frotas con cuidado papel de lija por la pintura ya terminada. También se puede cuartear y rayar la pintura al gouache arrugando o doblando con cuidado (o con no tanto cuidado) el papel.

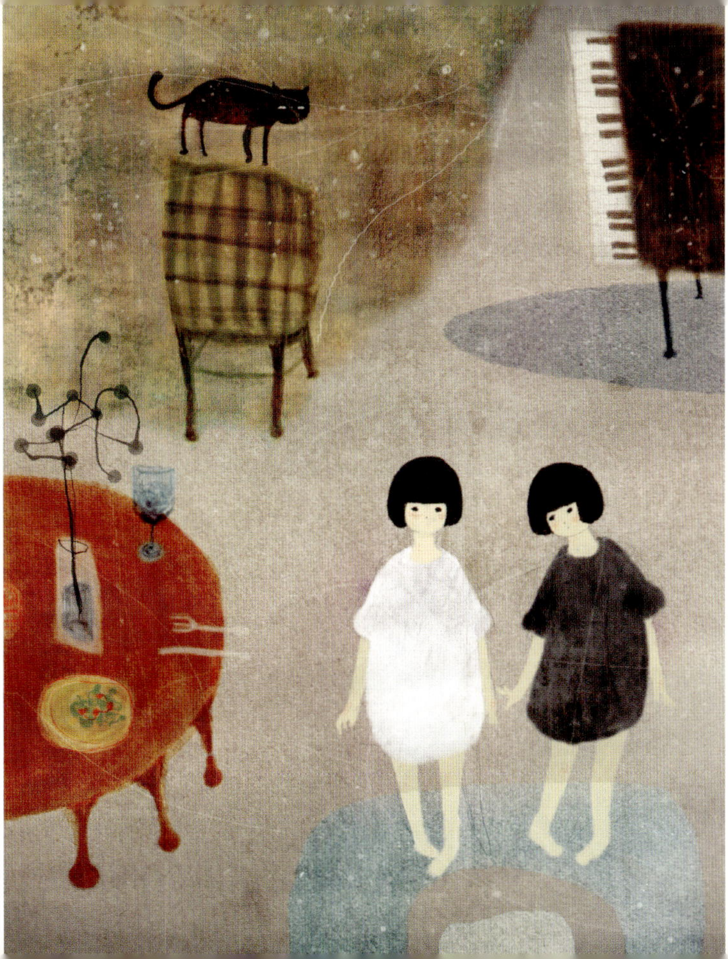

Trazos experimentales

Jennifer Davis

Para esta pieza, *Night Voyage*, el cliente le encargó a la artista que pintase sus animales favoritos: una ballena, una morsa, un conejo y un dodo. Además, la artista añadió también a sus preferidos: un gato y un mono. Pintó la escena nocturna de manera divertida. Empleó pintura al gouache para dar a las zonas más oscuras un aspecto denso y mate y para poder aplicar después luces y colores claros sobre los más oscuros. Una ventaja del gouache es que cualquier trabajo de esbozo que se haya trazado antes quedará cubierto por la pintura.

La artista añadió detalles a la ballena y al agua rascando la pintura con la punta del mango de un pincel. Por eso optó por usar un tablero de madera como soporte: sabía que toleraría mejor estas técnicas de dibujo más agresivas.

Truco Se puede mezclar gouache con agua para darle distintos grados de opacidad. Cuando se diluye mucho, el gouache apenas se distingue de la acuarela.

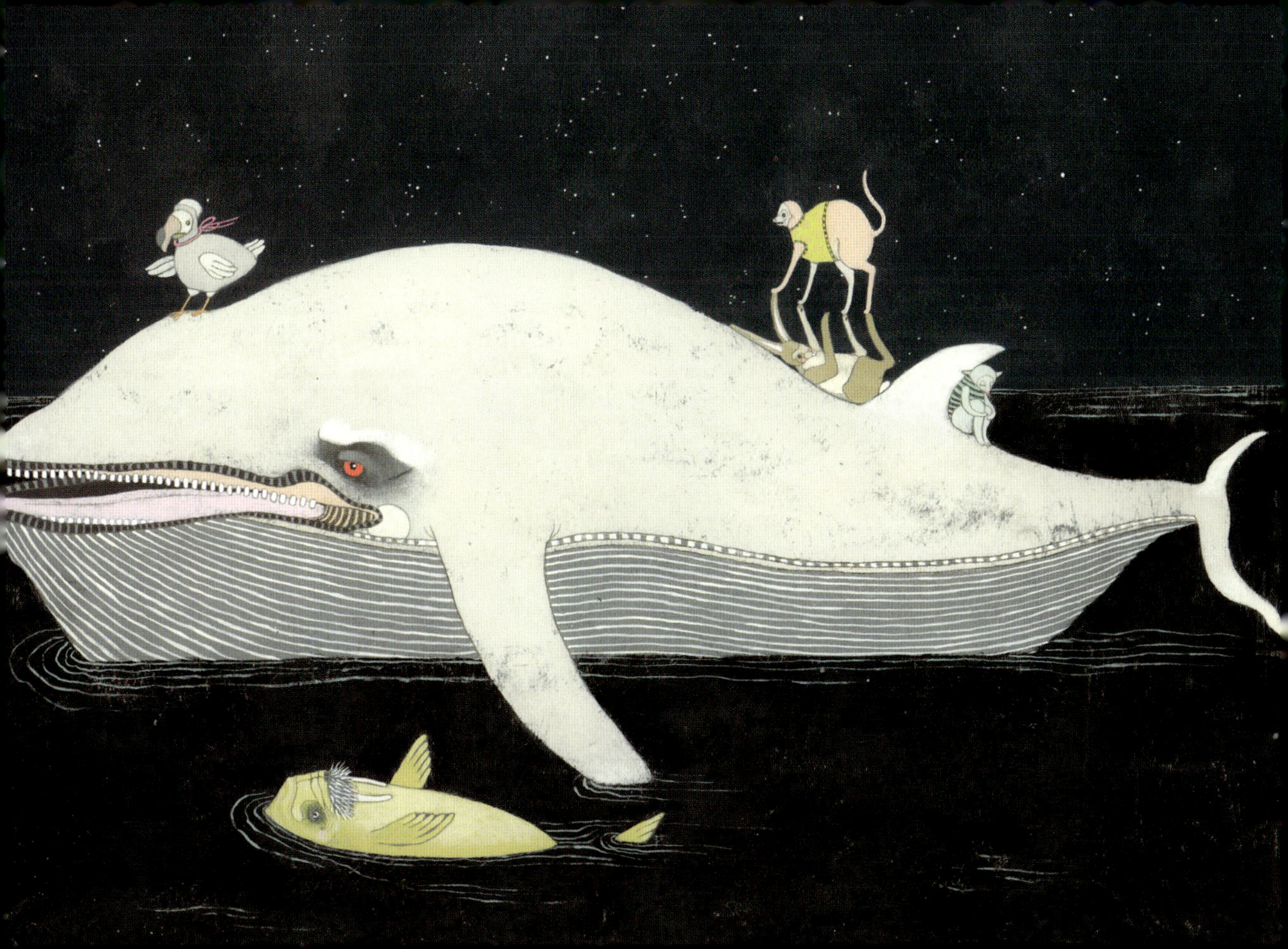

La regla de los tercios

Elissa Nesheim

Esta miniatura pintada a la acuarela, *Colorful Abstracts*, se creó siguiendo un principio de la composición que se conoce como "la regla de los tercios". Para entenderlo, imagina que tu lienzo está dividido en nueve partes: tres tercios en vertical, divididos por dos líneas horizontales, y tres tercios en horizontal, divididos por dos líneas verticales. Según la regla, si se colocan los detalles de una imagen en las intersecciones de estas líneas, se logra una composición más equilibrada, unificada e interesante.

Un lavado de color azul cubre los dos tercios superiores de la imagen para representar el cielo. En el tercio inferior, una franja de pintura de color terroso representa el terreno. Fíjate en cómo se solapan uno con otro estos dos lavados de color para generar los colores "nuevos" que componen las montañas. Después de dejar que se secasen bien estas capas de pintura, se añadieron los detalles de las líneas. La superficie tiene una textura muy acusada, en parte porque se pintó sobre lienzo (para más información sobre cómo pintar a la acuarela sobre lienzo, véase página 186), y en parte también porque el reducido tamaño de la imagen nos obligó a ampliar mucho la fotografía que reproducimos aquí.

Truco Prueba a experimentar mezclando diversas cantidades de azul de ultramar con siena tostado. Obtendrás resultados sorprendentes.

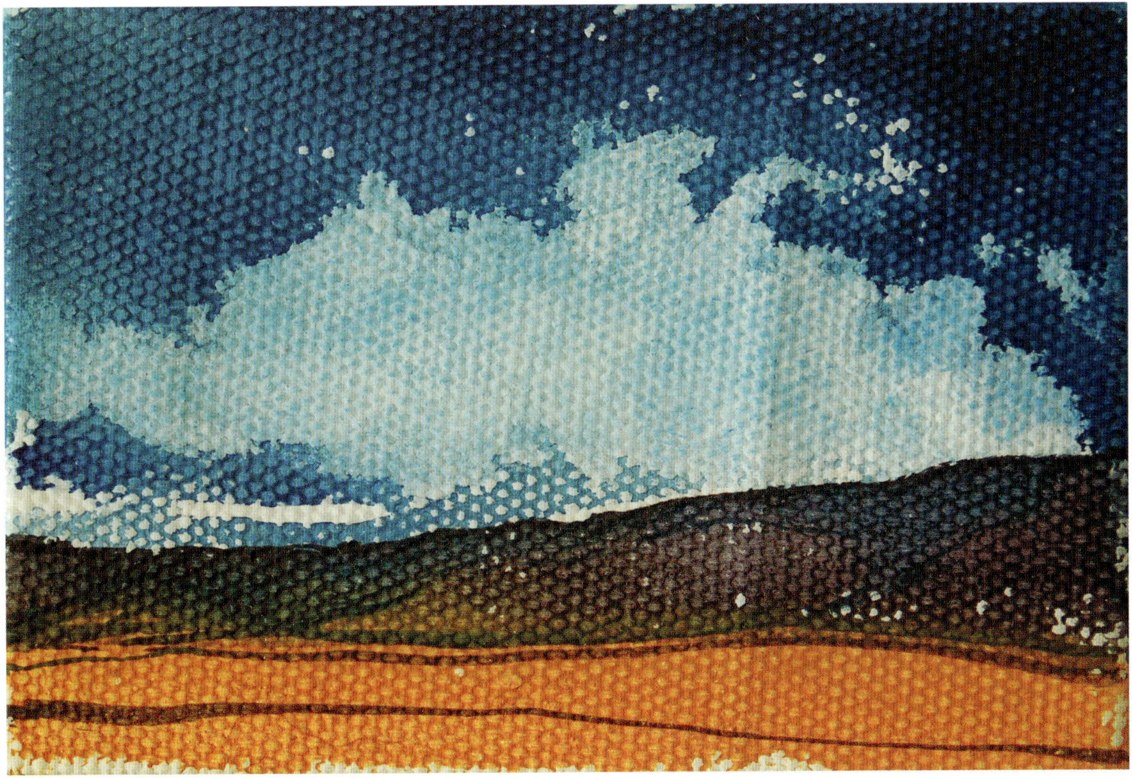

Representar animales

Kelly Puissegur

Esta artista se considera una dibujante de ideas, muchas veces inspiradas por rarezas y por cosas divertidas, curiosas y extrañas que encuentra en las películas, en la música, en su barrio, en la conducta de los animales y en sus encuentros con amigos y familiares. Antes de iniciar cualquier pintura, dedica bastante tiempo a recopilar ideas en sus cuadernos.

En esta selección de trabajos (en sentido horario, desde la izquierda: *Arm Wrestle, No Parking on the Dance Floor, Girl Fight* y *Bonjour* [dos piezas]) ha recurrido al antropomorfismo (otorgar características y rasgos humanos a los animales) para ilustrar varias historias. En muchas culturas hay cuentos tradicionales protagonizados por animales antropomórficos que se alzan sobre sus patas traseras y hablan como los humanos. Aquí se los ha puesto en situaciones contemporáneas, donde bailan, hacen pulsos y hasta van en bicicleta. Se han dibujado mediante pintura al agua, plumilla, tinta, collage de papeles e incluso imágenes escaneadas. Las obras se han pintado sobre un fino papel de fibra natural al que se le ha dado un lavado con acuarela y se ha encolado sobre un tablero de madera.

Truco El papel de fibra natural, que puede tener diversas procedencias, no suele ser apto para trabajar con acuarelas. Se desgarra con facilidad al mojarlo, y su superficie absorbe demasiada pintura. Puedes probar a añadirle un medio de gel o adherirlo sobre otro papel que sea más adecuado. Pero hay que tener cuidado porque algunos de estos geles o colas, al secarse, dejan de absorber la pintura al agua, lo que los hace inadecuados para pintar a la acuarela.

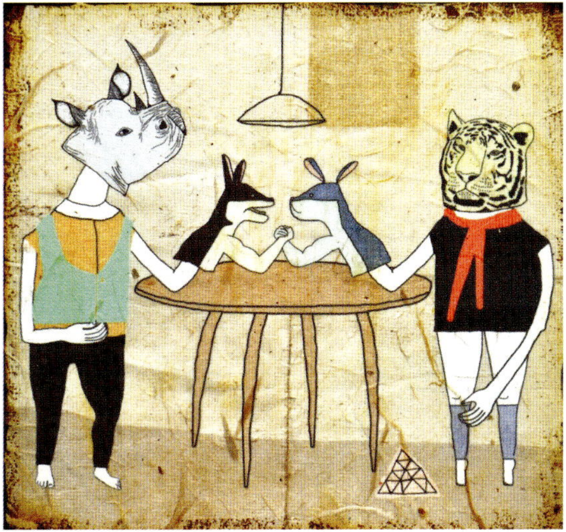

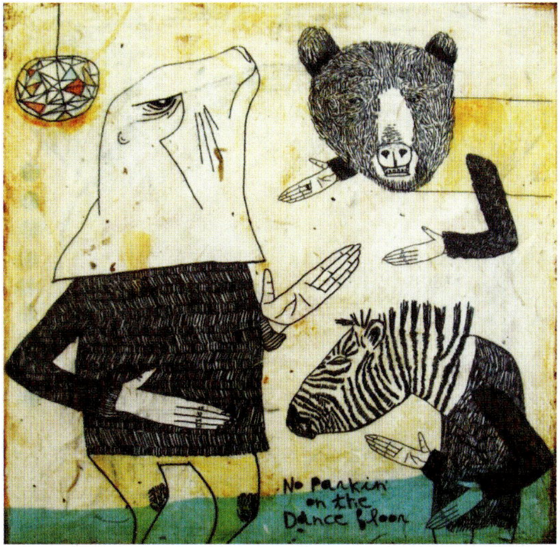
No Parkin' on the Dance floor

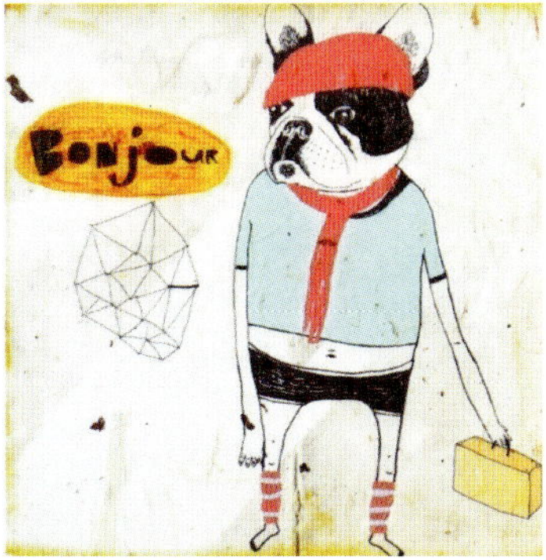
Bonjour

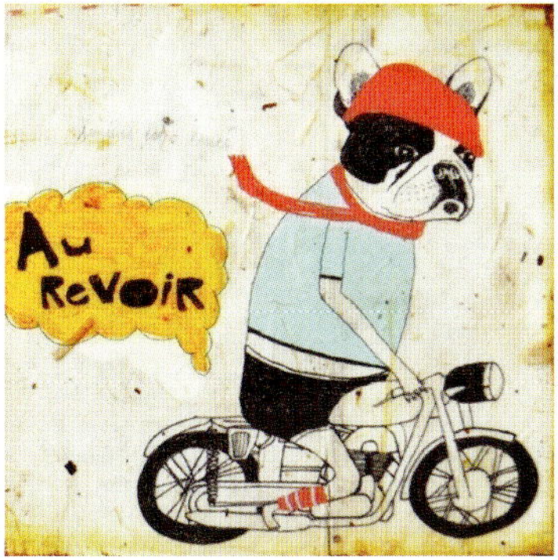
Au Revoir

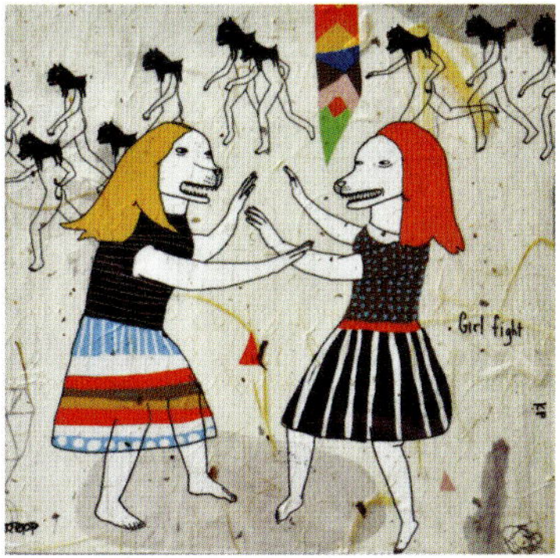
Girl fight

Pintar sobre madera

Jennifer Davis

Una chica sentada en el suelo, con la falda extendida y dispuesta a su alrededor en forma de círculo, protagoniza la imagen. Esa forma circular de la falda se reproduce en el óvalo gris que está detrás de ella y en la flor roja que tiene delante. El motivo que forman los pliegues de la falda se repite también por todas partes: en las listas de la pared, en las líneas de los objetos grises y en los pétalos amarillos de la otra flor.

En esta imagen, *Blooming*, dominan las formas geométricas. Se han usado para darle estructura y para vincular los elementos que la componen, que se solapan unos con otros y nos animan a examinar los espacios que se crean entre ellos. La imagen se ha pintado sobre madera con diversas pinturas al agua, lo cual es una combinación bastante infrecuente. La artista tenía interés en crear una superficie opaca pero desgastada, que fue sucesivamente elaborando y deshaciendo. Para empezar, aplicó una imprimación casera de blanco al agua a la madera, la dejó secar y después trabajó sobre ella con diversas técnicas. Entre otras, aplicó múltiples capas de lavados finos, además de dar en seco varias capas espesas de gouache y grafito. Una vez aplicadas, las lijó y las rascó, trabajando y retrabajando sobre la superficie hasta que quedó satisfecha con el resultado.

Truco Los trabajos experimentales con técnicas mixtas pueden exigir mayor atención si lo que pretendes es exponerlos o venderlos. Puede ser necesario fijarlos, barnizarlos y enmarcarlos para conservarlos mejor.

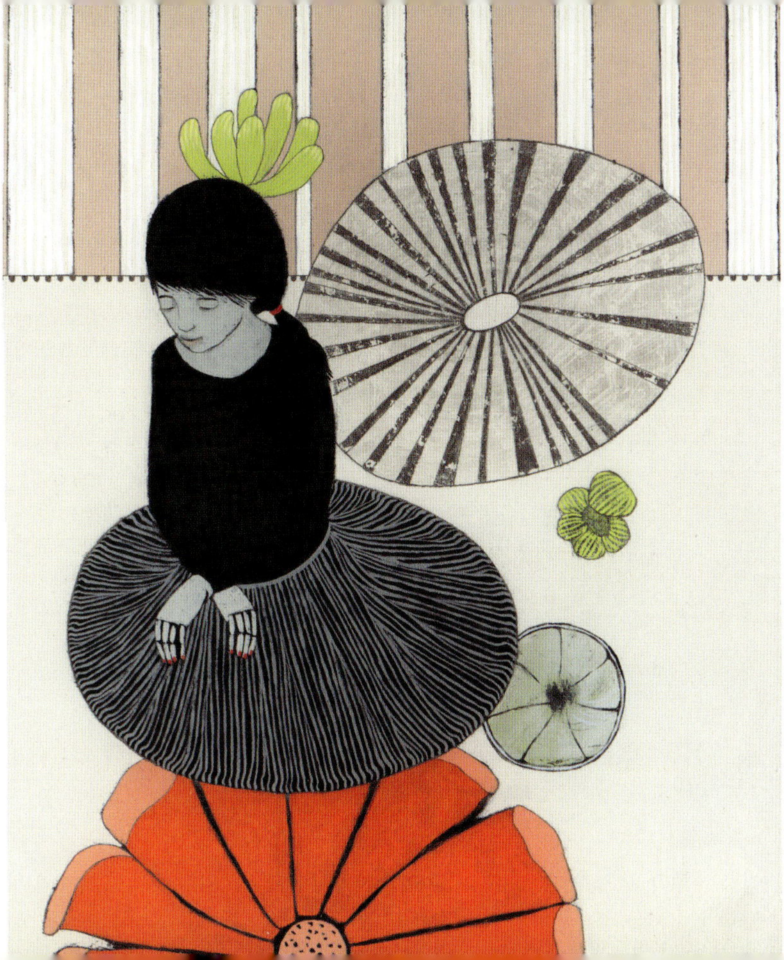

Aquabord

Betsy Walton

Esta pintura que nos muestra un paisaje en escala de grises, *Little Flame*, se creó con soltura y de un modo experimental en húmedo sobre húmedo, dejando que la pintura gotease y chorrease y generase manchas y salpicaduras. Se fueron aplicando una serie de lavados para elaborar una superficie de tonalidad más bien cálida, cuyos colores van desde el gris más pálido hasta el negro y, sorprendentemente, de vuelta al blanco. Estos tonos son la base para una serie de detalles más finos que, aplicados en una fase posterior, aportan color a la escena.

Como curiosidad, la superficie escogida para esta pintura no fue el papel tensado —típico de este tipo de trabajos—, sino un tablero para pintura llamado Aquabord™, que está recubierto de una arcilla especial. Funciona como un papel para acuarela prensado en caliente, pero con una importante diferencia: se puede eliminar el color cuando la pintura está seca o todavía húmeda.

Los detalles más finos de este paisaje imaginario se añadieron cuando los sucesivos lavados de base se hubieron secado del todo. Se pintaron líneas, formas geométricas, hojas de plantas, helechos y flores ovaladas en rojo, azul celeste, blanco y amarillo pálido. Estos detalles se aplicaron con mucho cuidado, en contraste con la fase previa de lavados, que fue más experimental.

Truco Para exponer obras pintadas sobre Aquabord™ no hace falta protegerlas enmarcándolas con vidrio. Puedes fijar y sellar la acuarela o el gouache una vez finalizado el trabajo con varias capas finas de barniz o fijador en espray.

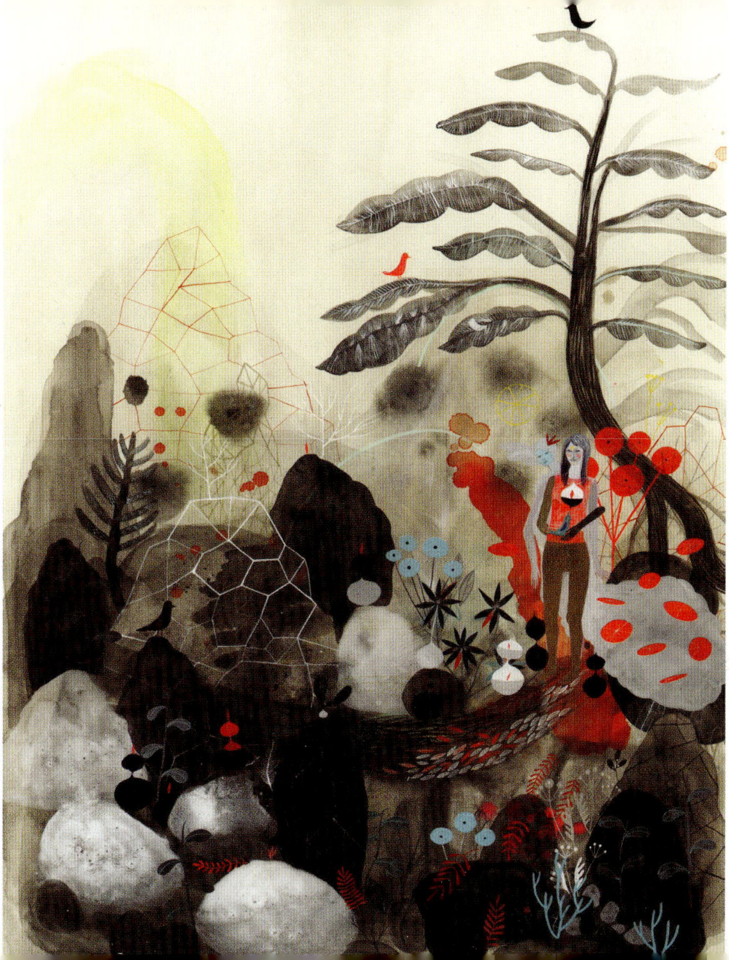

Color plano

Karen Barbour

Esta pintura, *Two Figures Holding Hands*, se creó con gouache sobre madera. Es de un estilo que podría calificarse de tradicional o folk. Las dos figuras parecen estar vestidas con algún traje regional y se toman de la mano como si estuvieran a punto de empezar a bailar. Este estilo menos académico, característico del arte folclórico, es más plano y tiende más a lo abstracto, como si fuese parte de un estampado, con interesantes variaciones en sus proporciones y su perspectiva.

Pese al aparente carácter naïf de la imagen, las técnicas empleadas para pintarla son sofisticadas. A la madera se le dio una imprimación con varias capas de gesso para evitar un exceso de absorción de la pintura al gouache y que así el color conservase su viveza. La paleta, o gama de colores, se limitó a rojo, azul, amarillo mostaza, negro, blanco y marrón, y se emplearon matices del azul y el negro en las zonas luminosas (por ejemplo, en el gris del fondo y en el suelo azul pálido). Más que dar volumen a las figuras, la intención fue que la pintura las hiciese atractivamente planas.

Truco El gesso tradicional, una mezcla de cola con yeso y pigmento blanco, se suele emplear para imprimar superficies rígidas y evitar el riesgo de que se agrieten. Existe actualmente una versión de "gesso acrílico" que puede usarse en superficies más flexibles. Son imprimaciones que resultan ideales para pintar cualquier superficie, y no solo con pinturas al agua.

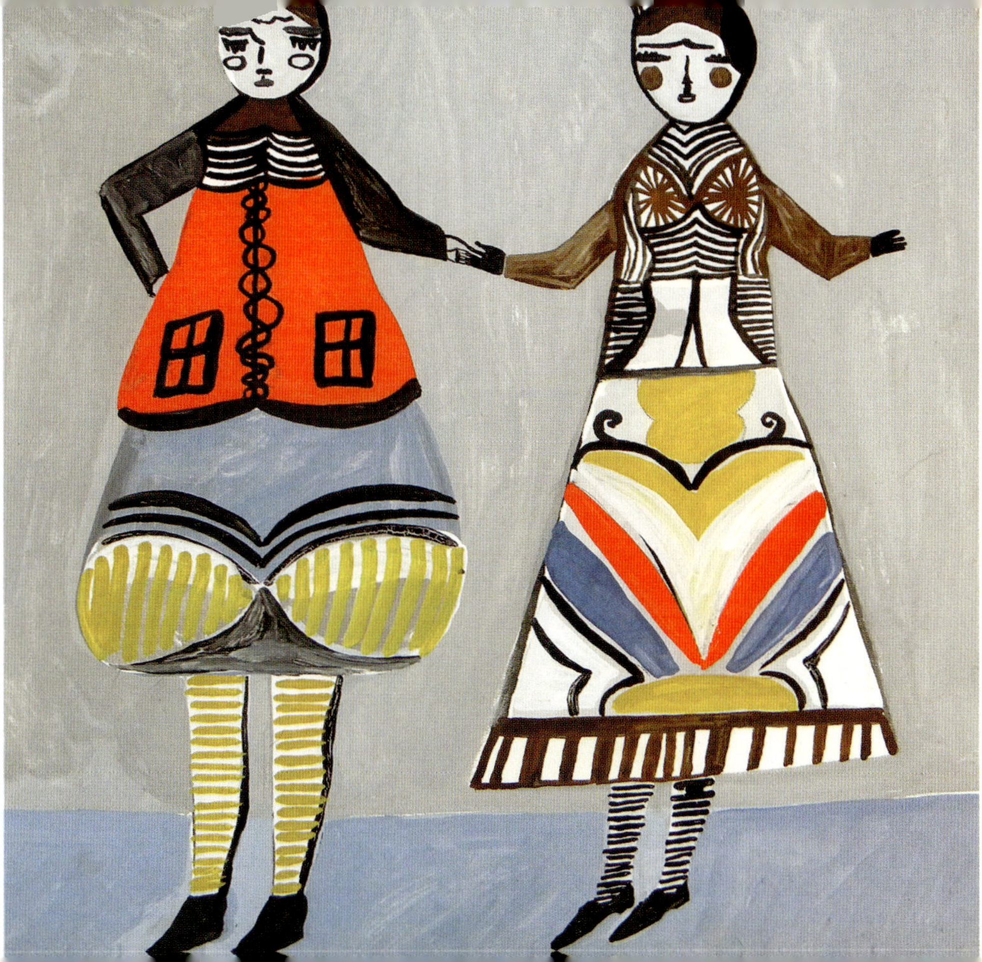

Pintar sobre Claybord

Betsy Walton

Unos amplios lavados de color, aplicados en húmedo sobre húmedo, constituyen la base compositiva de esta pintura, *Three Houses in the Field*: la onda azulada en la parte superior que representa las nubes y la protuberancia en la parte inferior que da forma a la colina. Las pinceladas son generosas, sueltas y sirven para delimitar los espacios. Para ello pueden servir un pincel de tipo mop o una pinceleta, así como un aplicador de esponja. Al tablero Claybord™ que se empleó en esta pintura se le aplicó un lavado previo con agua limpia para garantizar que los subsiguientes lavados de color quedasen más uniformes. Las siguientes fases de la pintura se fueron depositando con pinceles redondos más pequeños, mediante técnica de húmedo sobre seco y con pintura al gouache, a fin de lograr un buen contraste de color con el lavado de base. Los árboles y arbustos —compuestos básicamente por motivos repetidos de hojas— se rellenaron de color sólido en distintos tamaños. Las extravagantes flores azules (un motivo distintivo de esta artista) se rellenaron también de color y después se les añadieron los detalles. Se empleó un pincel redondo de punta fina para trazar los contornos, los muros y los tejados estampados de las casas, y un pincel más fino para dibujar los nervios de las hojas, los árboles rosas y las raíces. Los senderos, los bancos y la criatura casi invisible que hay delante de la casa grande se hicieron a lápiz.

Truco El Claybord™ no responde igual que el papel a la aplicación de pintura, así que es importante que adaptemos nuestra técnica al trabajar con el pincel. Prueba a variar la suavidad y la rigidez de tus pinceles antes de ponerte en serio a pintar. Los pinceles redondos de los números 9 y 6 sirven para todo uso. Los de tipo mop van bien para dar lavados generosos y difuminar pinceladas.

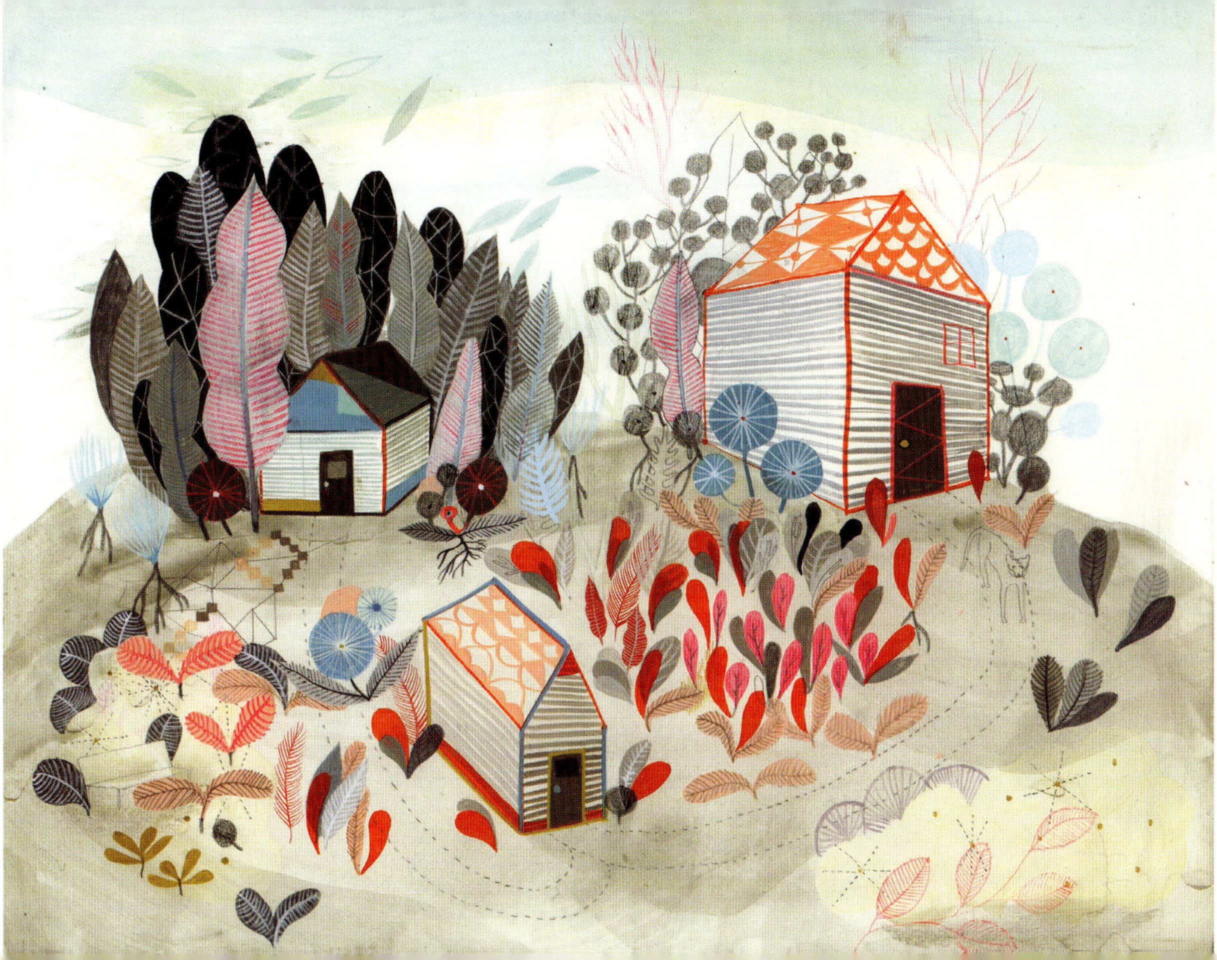

Dar imprimación a un lienzo

Elissa Nesheim

El lienzo es el soporte más común de quienes trabajan con pintura acrílica y al óleo. Se emplea menos con acuarelas, sobre todo debido a que su superficie no es nada absorbente. Para poder combinar acuarelas con lienzo es preciso darle antes una capa de gesso para incrementar su grado de absorción, lo que se denomina imprimación. La autora de estas dos piezas (de izquierda a derecha: *Stormy Mojave Colors* y *Up the Hill*) es especialista en pintar miniaturas. Cuando se trabaja a una escala tan reducida se tiende a pasar rápidamente de una pintura a la siguiente. Por ello conviene preparar varios lienzos para tenerlos siempre a mano, listos para pintar cuando hacen falta.

Estas dos obras se realizaron mediante una combinación de lavados, borrado de pintura y uso de tinta sumi para definir bien los detalles. Después se les aplicaron varias capas de barniz en espray para fijar la pintura y protegerlas de cualquier deterioro.

Truco Se puede comprar gesso premezclado en las tiendas de material de bellas artes. Suele ser de color blanco, pero se encuentra también en versión transparente, en colores e incuso en negro. Recuerda que sobre las imprimaciones más oscuras solo funcionarán los colores opacos.

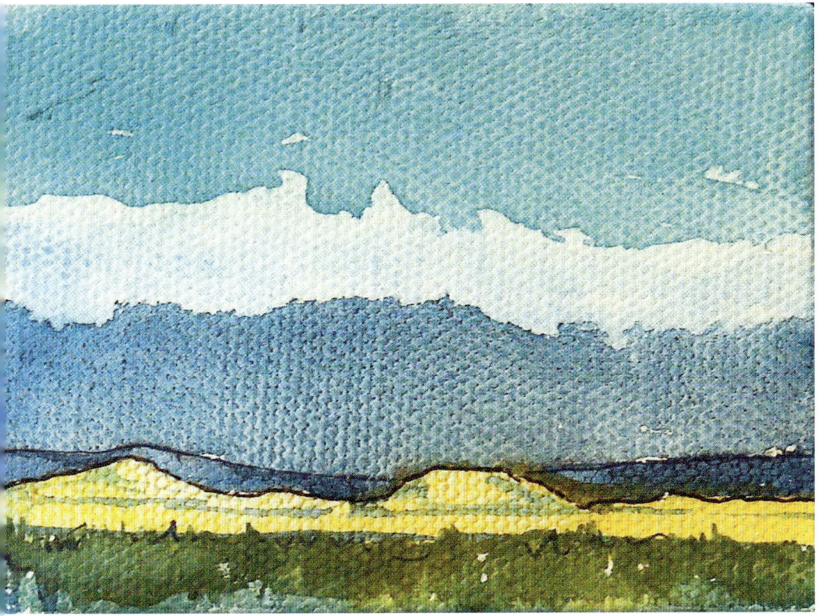

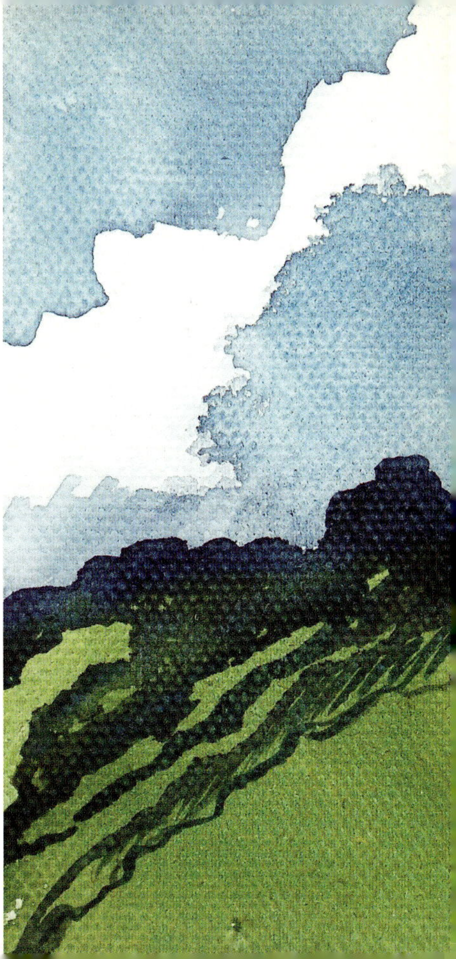

Collage digital

Kelly Puissegur

Esta ilustración de técnica mixta, titulada *Pug Love*, además de pinturas al agua, incorpora también collage, imágenes escaneadas, plumilla y tinta, lápiz y dibujo digital. Es una pieza ejecutada por medio de capas de distintas técnicas, en la que se exploran y se armonizan las posibilidades de diversos métodos de trabajo sin que pierda el aire característico de las pinturas al gouache y a la acuarela.

En la imagen aparecen dos perros disfrazados sentados de frente, cuyos amos quedan en parte cortados por el encuadre. El título de la obra y la camiseta que lleva puesta una de las figuras humanas nos sugieren que esta imagen representa algún tipo de club de fans de los perros de raza pug. Las prendas de ropa que se muestran en la ilustración (el chaleco, los pantalones cortos, la falda, la chaqueta y los monos que visten los perros) son collages manipulados digitalmente que se crearon a base de superficies pintadas y después escaneadas. Se hace buen uso de los contrastes entre pinturas opacas y transparentes, así como entre superficies con textura y lisas, todo ello compuesto sobre un fondo escaneado de una plancha de madera. Fíjate en la chaqueta negra de la mujer: las pinceladas negras diluidas sugieren un tejido aterciopelado, mientras que los trazos del disfraz del perro más grande evocan una tela más corriente.

Truco Plantéate pintar sobre copias impresas de tus fotos. Recuerda que la mayoría de las impresoras domésticas imprimen con tintas cuyos pigmentos son solubles en agua. En ese caso, lo mejor es jugar con agua y acuarelas. El gouache y las pinturas acrílicas también funcionarán sobre impresiones láser.

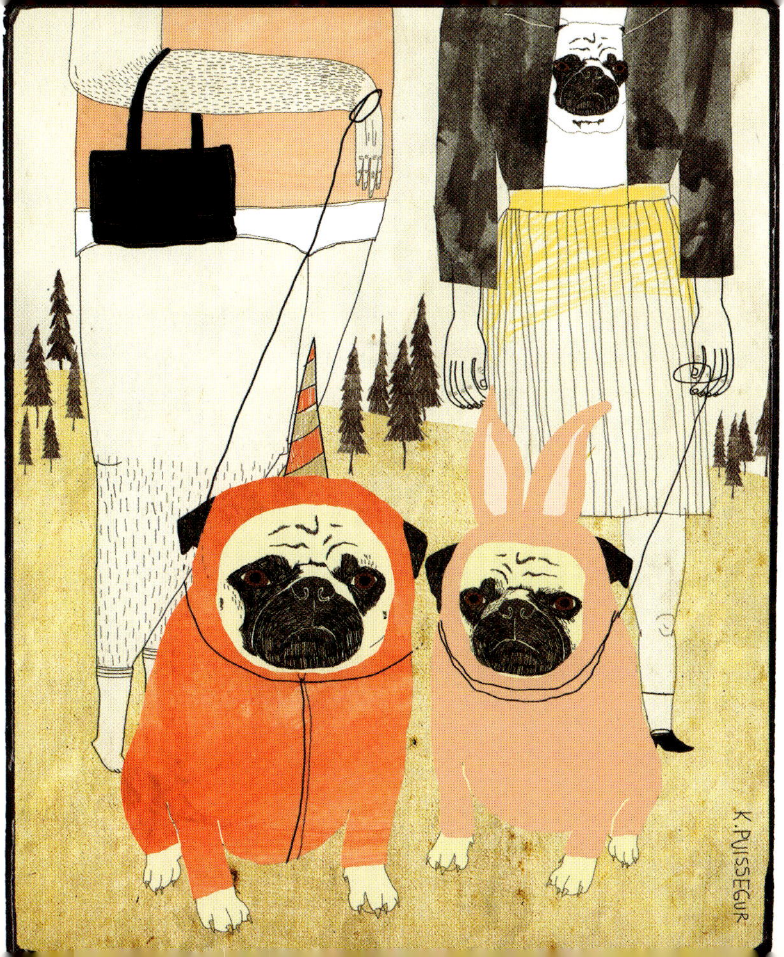
K.PUISSEGUR

Fundamentos de la acuarela

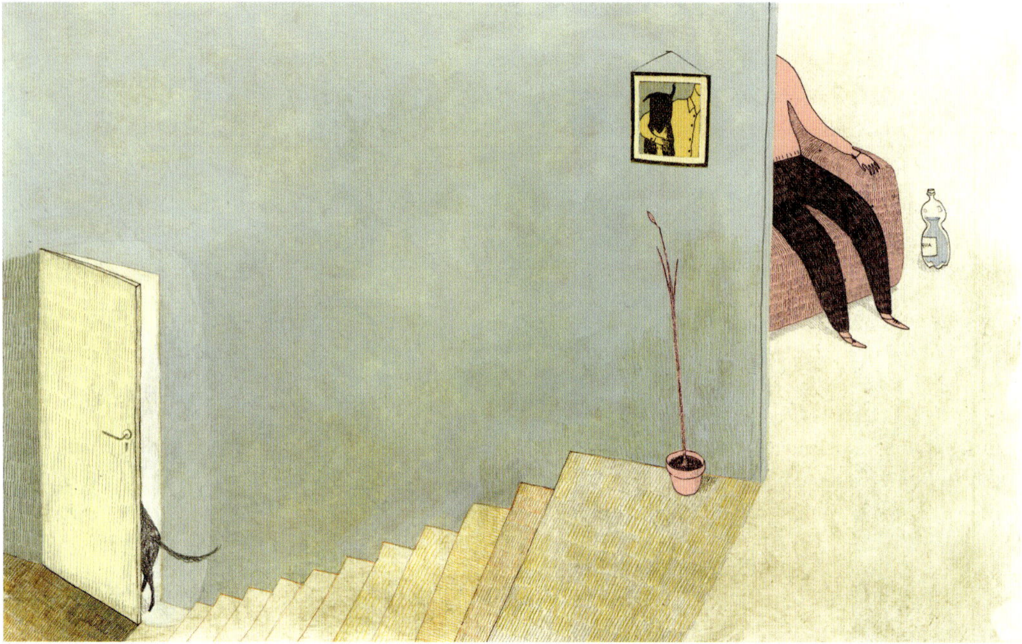

Materiales

Para pintar a la acuarela no se necesita demasiado material: pinturas, papel, agua y pinceles. Dentro de estas categorías, no obstante, la gama de posibilidades es tan enorme que puede desconcertar al más pintado. En este apartado te ofrecemos información concisa sobre los materiales que existen y sobre cuáles te conviene comprar en función de qué, cómo y dónde pienses pintar.

Pintura

Pintura acrílica

La pintura acrílica se puede aplicar de forma opaca o diluirse en agua para usarla como se hace con las acuarelas. Una vez seca —se seca muy deprisa— se puede rehidratar para "reactivarla". Es apta para pintar sobre papel y sobre lienzo, para aplicarla en capas que no se verán alteradas por la superposición de lavados y para generar texturas.

Gouache

Si se aplica sin diluir, el gouache es completamente opaco. A diferencia de las acuarelas, que son transparentes, se puede emplear para pintar en colores claros sobre oscuros y también puede diluirse en agua para dar lavados semitransparentes. Cuando compres tus pinturas al gouache, recuerda añadir también el blanco y el negro.
También existe una variedad de gouache acrílico, que es parecido al tradicional pero que incluye un aglutinante acrílico que lo hace soluble en agua cuando está fresco e impermeable cuando se ha secado. Se puede aplicar en forma de color opaco o transparente.
Se pueden mezclar la acuarela y el gouache y también "reactivarlos" una vez se han secado. Te puede resultar útil experimentar con los colores, siempre y cuando conserves un registro de tus resultados.

Acuarela

La acuarela se puede encontrar en dos variedades: en forma de pastillas sólidas de pigmento o en forma de tubos. Normalmente se emplean para superponer lavados de color translúcidos sobre un soporte de papel blanco, para ir combinando los colores de cada capa con el blanco del papel subyacente, en lugar de que los lavados de color vayan tapándose unos a otros. Las pastillas de acuarela se pueden encontrar en dos formatos: enteras o medias. Suelen comprarse en forma de estuche

Sense nome de Valerio Vidali

o caja, pero también se pueden adquirir sueltas. Los tubos de acuarela en pasta se emplean habitualmente para mezclar grandes cantidades de pintura.

Otros materiales solubles en agua

Tinta permanente

Las tintas indelebles y resistentes al agua, como la tinta china y la sumi, resultan casi indispensables para algunos trabajos. Se pueden aplicar lavados y rellenos de color sobre ellas sin alterar la nitidez de cualquier dibujo que hayamos trazado antes a plumilla o pincel. No conviene usar tintas con base de laca en plumas estilográficas, ya que las atascará. También se pueden dar lavados sin problemas sobre bolígrafo.

Tintas colorantes y tintas pigmentadas

Las tintas pigmentadas soportan la exposición a la luz, por lo que son más convenientes para trabajos que se van a exponer. Las tintas basadas en colorantes son más brillantes y eso las hace aptas para trabajos que después se van a reproducir mediante copias, escaneado y edición digital. La mayoría de las impresoras de chorro de tinta utilizan tintas colorantes: prueba a añadir agua a una copia impresa en papel grueso; también puedes probar a presionarla contra un papel empapado en agua para que su superficie se "reactive" y transfiera una imagen invertida al papel húmedo.

Lápices de acuarela

Los lápices de acuarela tienen el mismo aspecto que los lápices corrientes, pero su mina es soluble en agua. No suelen estar numerados, por lo que conviene que pruebes su grado de solubilidad antes de comprarlos. Existen en una amplia gama de colores y pueden usarse en seco o humedecidos, así como sobre papel seco o húmedo. El hecho de que sean solubles permite mezclar y fusionar colores con facilidad, así que para empezar te bastará con un surtido básico de colores. Los de mina más blanda dejan unos trazos que pueden borrarse fácilmente con agua y dejarán un rastro como de lavado de color. Los de mina más dura dejan un lavado más tenue pero más marcado el trazo. Elige el lápiz de acuarela que más convenga según el resultado que deseas obtener. También existen lápices de acuarela en versión barrita o pastilla. Las pastillas van bien para pintar con ellas grandes manchas de color, y además no hace falta afilarlas.

Ceras acuarelables

Son parecidas a los lápices de acuarela, pero vienen envueltas en papel en lugar de madera. Son más blandas y más gruesas y permiten aplicar el color con más rapidez que con los lápices.

Tintas solubles en agua

Las tintas al agua se pueden aplicar con pincel, estilográfica y plumillas de diferentes formas para producir trazos de todo tipo. Las estilográficas son ideales para trabajar a la intemperie, ya que la tinta no se derrama y se cargan con facilidad. Si después se añade agua limpia o un lavado de color a los trazos, se difuminarán. Ten en cuenta que muchos rotuladores de punta fina contienen tintas no indelebles. Ambos tipos de tinta se pueden aclarar con agua para cambiar su tonalidad. Algunas marcas recomiendan no usar agua del grifo porque puede ocasionar que la tinta se "cuartee". Es mejor que uses agua destilada, a menos, claro, que quieras lograr ese efecto de granulación o cuarteado en tu trabajo. Es importante señalar que los colores de las tintas y acuarelas con colorantes son muy vivos y luminosos pero no soportan bien la exposición a la luz. Úsalos solo para aquellos trabajos que pretendas reproducir, escanear o guardar a salvo de la luz solar. Las tintas pigmentadas resisten bien la exposición a la luz y eso las hace aptas para exponer los trabajos. Lee bien las etiquetas de cualquier tinta que compres. Si las compras en una buena tienda

Cup #16 de Anne Smith

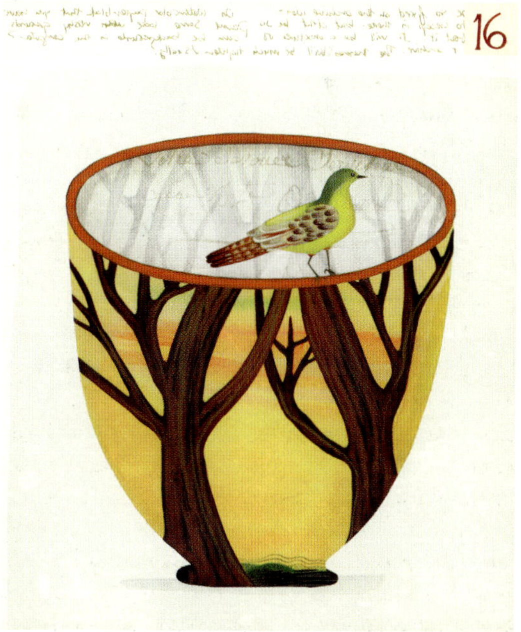

de material artístico, el personal especializado debería poder responder a cualquier duda que pudiera surgirte.

Aditivos

Si eres nuevo en esto de la acuarela, lo mejor será que utilices lo más básico antes de ponerte a experimentar con aditivos. La acuarela ya es de por sí un material muy versátil y no necesita de demasiados aditivos. Además, si empleas aditivos cuando no hace falta, puedes acabar arruinando tu pintura.

Aquapasto / impasto en gel

Sirve para espesar la acuarela y evitar que se corra y se emborrone. Va muy bien para aplicar pinceladas multicolores, aunque cuesta eliminarlo cuando se ha secado, así que recuerda lavar bien los pinceles en cuanto hayas acabado de usarlos.

Medio de granulación

Este aditivo genera un efecto granulado y moteado que puede emplearse para dar textura a colores planos. Algunos tonos, como los azules cerúleo y de ultramar y los ocres y sienas tostados, producen este efecto de manera natural. Con otros colores se puede lograr si se mezclan con agua del grifo en lugar de agua destilada.

Goma arábiga

La goma arábiga le da cuerpo a la pintura, la hace más espesa y brillante, prolonga el tiempo de secado, da luminosidad a los colores y hace que los trazos sean más definidos. Permite rascar la pintura para que aflore el blanco del papel, aunque si se mezcla en exceso puede ocasionar que la superficie pintada se resquebraje.

Sal

Se pueden conseguir diversos efectos y texturas espolvoreando sal sobre una superficie recién pintada. El resultado dependerá del tamaño de los cristales de sal, del tipo de papel, de la humedad de la superficie y de la pintura utilizada.

Geles de textura

Estos geles contienen partículas sólidas que generan una superficie tridimensional parecida a la del impasto y que normalmente no se asocia con la textura de las acuarelas.

Hiel de buey / medio líquido

Se aplican en lavados de color o directamente del frasco. Incrementan el flujo de la pintura y pueden generar muchos efectos sorprendentes, aunque estos varían de un color a otro.

Papel

El papel para acuarela suele ser blanco ("brillante" o "natural"), para que refleje bien la luz a través de las finas capas de pintura. Tiene que poder soportar la pintura húmeda e incluso los lavados más aguados, pero también ser apto para las pinceladas más delicadas e incluso los detalles a tinta y lápiz. Existe un enorme surtido de papeles para acuarela, que varían en grosor, peso, textura y color, y que se pueden encontrar en forma de hojas sueltas, cuadernos de dibujo y blocs. Se pueden comprar en cualquier tienda de material de bellas artes o pedirlos por internet. Ir a la tienda te permite examinar el papel y, por tanto, elegirlo con más fundamento. Además, el personal experto de las tiendas de material artístico te responderá a cualquier pregunta. Las compras online resultan adecuadas para quienes saben de antemano qué papel necesitan. Ten en cuenta que con gouache se puede trabajar sobre numerosas superficies. Como he señalado antes, su opacidad lo hace apto para pintar sobre papel coloreado, además de blanco. También funciona bien sobre papeles artesanales más ligeros, como los procedentes de India, Japón o China.

Papel prensado en frío

El papel prensado en frío, que a veces se conoce también como papel NOT (del inglés *not hot pressed*, 'no prensado en caliente') o papel CP (*cold pressed*), es el más ampliamente usado por los pintores de acuarelas. Se suele considerar el más fácil de usar porque permite que determinados efectos tradicionales de la acuarela, como la granulación, se asienten en las zonas más hundidas del grano superficial, mientras que el pincel seco se aplica muy bien en las partes más elevadas de la superficie.

Papel prensado en caliente

La superficie lisa de este papel (conocido también como papel HP, del inglés *hot pressed*) se consigue al hacerlo pasar entre dos rodillos calientes. Apenas tiene grano, lo que propicia que absorba menos pintura y que esta se seque más rápido. Funciona muy bien para dar grandes lavados de color plano, para ilustraciones, pinturas rápidas y también para aplicar detalles finos con lápiz o plumilla y tinta. Resulta excelente para trabajos en colores planos previstos para su reproducción.

Papeles rugosos

Estos presentan una superficie áspera porque se extraen directamente del molde y no se aplanan ni se planchan mediante ningún sistema de cilindros. Presentan el grano más acentuado de todos los papeles para acuarela, con una superficie irregular y accidentada que absorbe la pintura profundamente. Los papeles rugosos son ideales para crear texturas.

Tensado del papel

El grosor o el gramaje del papel contribuyen a determinar si debe ser tensado o no para usarlo con acuarelas. El gramaje del papel se expresa en gramos por metro cuadrado (g/m^2) y mide el peso de una resma de 500 hojas, no de una sola. Una buena regla es que cualquier papel cuyo gramaje sea menor de 300 g/m^2 puede usarse sin necesidad de tensarlo. La mayoría de los blocs de papel para acuarela son de papel de 210 g/m^2. Como en estos blocs las hojas suelen ser más pequeñas y se pueden meter entre las páginas de un libro para aplanarlas —una vez seca la pintura, claro está—, normalmente no hace falta tensarlas. Cuanto mayor es el papel, más importante es tensarlo. Si el papel se arruga y se deforma, lo cual es más probable que ocurra cuanta más agua se le aplique, habrá técnicas que no podrán utilizarse con él.

Aunque tensar el papel puede parecer un calvario, vale la pena hacerlo. Para empezar, te ahorras dinero, porque los papeles más ligeros son más baratos que los gruesos. Por otra parte, es más agradable trabajar sobre un papel tensado, que no se abomba ni se deforma.

Aunque no hay que escatimar en lo que a papel se refiere, para iniciarse en la acuarela tampoco es necesario comprar los mejores papeles hechos a mano. El papel para acuarela de mejor calidad es el fabricado a mano a base de algodón o trapos de lino —suelen tener bordes irregulares y una marca al agua—. Si estás empezando, o según el tipo de trabajo que quieras hacer si ya eres un acuarelista avezado, los papeles industriales también te servirán. Solo tienes que fijarte en el gramaje y en la calidad de su superficie.

Existen más variedades de papel para acuarela, como el papel teñido (de la marca Bockingford), en tonos crema, avena, huevo, azul y gris; los papeles asiáticos, que están disponibles en infinidad de gramajes y capacidades de absorción pero con los que vale la pena experimentar, y los papeles “reaprovechados” o antiguos, con los que hay que experimentar bastante hasta poder determinar su idoneidad para pintar sobre ellos con acuarela o gouache.

Otros soportes

Claybord™

Es un tablero rígido, ultraliso y absorbente, recubierto de una imprimación de caolín que funciona de maravilla con las acuarelas, el gouache, la tinta y los acrílicos. Se puede rascar para darle contraste y textura y para afinar detalles, además de que conserva los colores a la perfección. Una vez fijada y barnizada la pintura, se puede enmarcar sin necesidad de vidrio, es archivable y no contiene ácidos.

Aquabord™

Se parece al Claybord™, pero está diseñado específicamente para la acuarela. Permite levantar o eliminar lavados, capas y veladuras sin estropear la superficie. No hace falta tensarlo y no se abomba aunque lo sometas a pintura muy aguada. Su superficie es lisa como la del papel prensado en caliente. Se puede encontrar gesso para acuarela de distintas marcas y en envases de diversos tamaños. Se aplica con una brocha o pincel plano sobre un tablero de madera o de aglomerado y, al secarse, adquiere un acabado como de yeso o masilla. Se puede aplicar de manera irregular para obtener una textura rugosa o lijarse para que quede suave y liso.

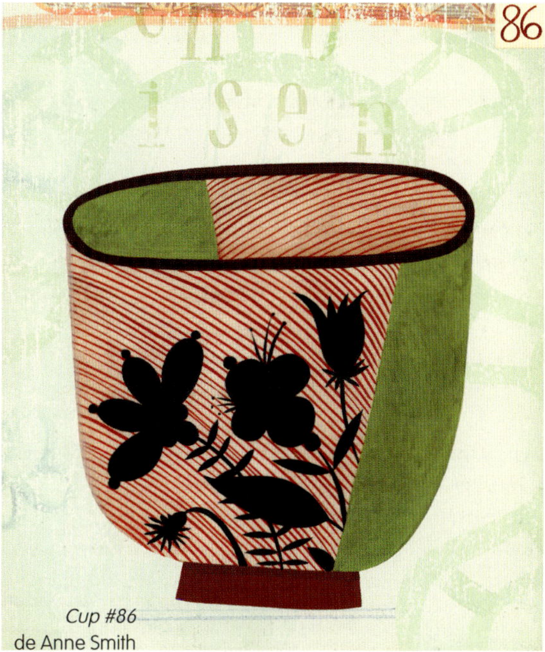

Cup #86
de Anne Smith

Útiles de pintura

Pinceles

El pelo de los pinceles puede ser natural, sintético o una mezcla de ambos tipos. Los pinceles de pelo natural son más caros, sobre todo los de marta, pero tienen más capacidad de absorción de agua y conservan mejor su forma. Muchos pinceles sintéticos se acercan al nivel de calidad de los naturales, pero tienden a desgastarse con más rapidez. Una buena solución intermedia pueden ser los pinceles híbridos, que combinan pelo natural y sintético. Nunca hay que dejar los pinceles en agua; es mejor aclararlos bien bajo un chorro de agua después de cada sesión, darles forma con cuidado con los dedos o con los labios, y dejar que se sequen en posición horizontal antes de guardarlos.

Para empezar te bastará con unos pocos pinceles; no te harán falta muchos para poder hacer un montón de trazos distintos. Las tres formas principales de pincel son los redondos, los planos y los de tipo mop. Los pinceles siguen una numeración por tamaños: cuanto mayor es el número, mayor es el pincel. A veces, los pinceles planos vienen graduados por pulgadas o centímetros en lugar de por números.

Caballetes

Aunque no son imprescindibles, los caballetes son útiles para sujetar el tablero o el papel a la altura adecuada y en la posición correcta; mejor que si los sostienes sobre las rodillas, por ejemplo. Son igual de buenos los metálicos que los de madera. Si decides comprar uno, asegúrate de que sea ligero, fácil de transportar y de montar y, ante todo, que te permita fijarlo en posición horizontal cuando tengas que aplicar lavados.

Paletas

Si vas a aplicar lavados generosos de color, necesitarás una paleta con concavidades grandes. Si vas a emprender algún trabajo con detalles más finos, te bastará con que tengan huecos pequeños, pero tal vez necesites más cantidad de ellos para poder mezclar muchos colores distintos. Suelen ser de plástico, de cerámica —puede servirte un plato viejo— o de metal esmaltado, como las que vienen en las tapas de los estuches de acuarelas en tubo o en pastillas. Mejor que uses siempre una paleta blanca que te permita ver con precisión el color que mezclas. Además de la paleta te hará falta un recipiente con agua (o dos).

Cuadernos y blocs

Suelen ser encolados o encuadernados con espiral. La versión en espiral es preferible si queremos conservar los trabajos juntos, mientras que los blocs encolados permiten arrancar las hojas con más facilidad. Los blocs de papel para acuarela están encolados por los cuatro cantos para no tener que tensar el papel antes de pintar. Las hojas se sueltan metiendo un cúter entre ellas y separando la cola hasta que se desprenden. A partir del formato de tarjeta postal, hay blocs y cuadernos de todos los tamaños.

Otros útiles de pintura y dibujo

A medida que vayas adquiriendo soltura, te darás cuenta de que existen multitud de herramientas y útiles entre los que escoger, cada uno con sus características.

Difusores y pulverizadores

Rellenos con agua limpia, pueden usarse para humedecer el papel y lograr así que su superficie se mantenga activa. Si se llenan con pintura o tinta, pueden emplearse para crear efectos de rociado o salpicado, que también pueden conseguirse con un cepillo de dientes.

Otros materiales

Se pueden usar otros materiales, como plástico de burbujas o de cocina, papel de aluminio o papel para horno, para presionarlos sobre los lavados cuando están húmedos y generar diversas texturas.

Esponjas naturales y sintéticas, y aplicadores

Se utilizan para humedecer grandes áreas del papel, para aplicar lavados extensos, para crear texturas y para eliminar determinadas partes del color ya aplicado. Si se les da forma recortándolas, las esponjas pueden usarse para estampar bloques de color. Hay esponjas que tienen un asa de plástico y van muy bien para trabajar con mucha agua en zonas grandes.

Pinceles japoneses

Tienen forma cónica y una punta larga y fina, lo que los hace idóneos para pintar trazos caligráficos muy fluidos, texturas y demás. Se puede pintar una ilustración entera con uno solo de estos pinceles.

Espátulas y pinceles de goma

Se trata de unos instrumentos de varias formas y tamaños y con punta de silicona, que se emplean para aplicar y eliminar color.

Son excelentes para aplicar líquido enmascarador, ya que se limpian mucho mejor que los pinceles.

Pajitas de refresco y secador de pelo

Son útiles para mover pintura o tinta por el papel, además de para acelerar el secado.

Máscaras y plantillas

Líquido enmascarador

Muy útil para crear bordes y texturas definidos. Protege determinadas zonas de la imagen —normalmente, las que queremos dejar en blanco— cuando aplicamos lavados de color. No conviene usarlo en papeles delicados o húmedos, ya que luego nos costará mucho quitarlo. Aunque puede aplicarse con pincel, es mejor hacerlo con una espátula de silicona, que después nos costará mucho menos limpiar.

Papel de lija y lejía / blanqueador

A veces puede sernos útil eliminar parte de la pintura (por ejemplo, para definir brillos o zonas iluminadas). Si frotamos con cuidado con papel de lija, podremos quitar la pintura (seca, claro) hasta dejar al descubierto la superficie del papel. La lejía o los blanqueadores son más drásticos: su efecto sobre la acuarela líquida y las tintas al agua es inmediato y permite obtener blancos dejando al descubierto la superficie del papel. Pero hay que aplicarlos con cuidado, lavar los pinceles nada más haberlos usado y emplear siempre pinceles de pelo sintético, no natural.

Papel rasgado o recortado

El papel puede ser una buena opción para reservar o enmascarar determinadas zonas del papel o de un lavado que hemos aplicado antes. Si usamos papel recortado, obtendremos unos bordes nítidos y rectos, y si lo recortamos con un cúter, podemos crear todo tipo de diseños y motivos decorativos. Si empleamos un difusor para pintar, podemos darle a la imagen un aspecto casi de serigrafía. Con trozos de papel desgarrado, los bordes nos quedarán más difuminados e irregulares. La cinta de pintor, que normalmente se emplea para sujetar el papel, también sirve para hacer reservas, ya sea cortada o rasgada.

Cera

La cera repele el agua, por lo que cualquier trazo que hagamos con lápices de cera repelerá los lavados de acuarela que apliquemos. Se pueden conseguir efectos variados en función del grado de rugosidad que tenga el papel.

Central Park de Arthur Kvarnstrom

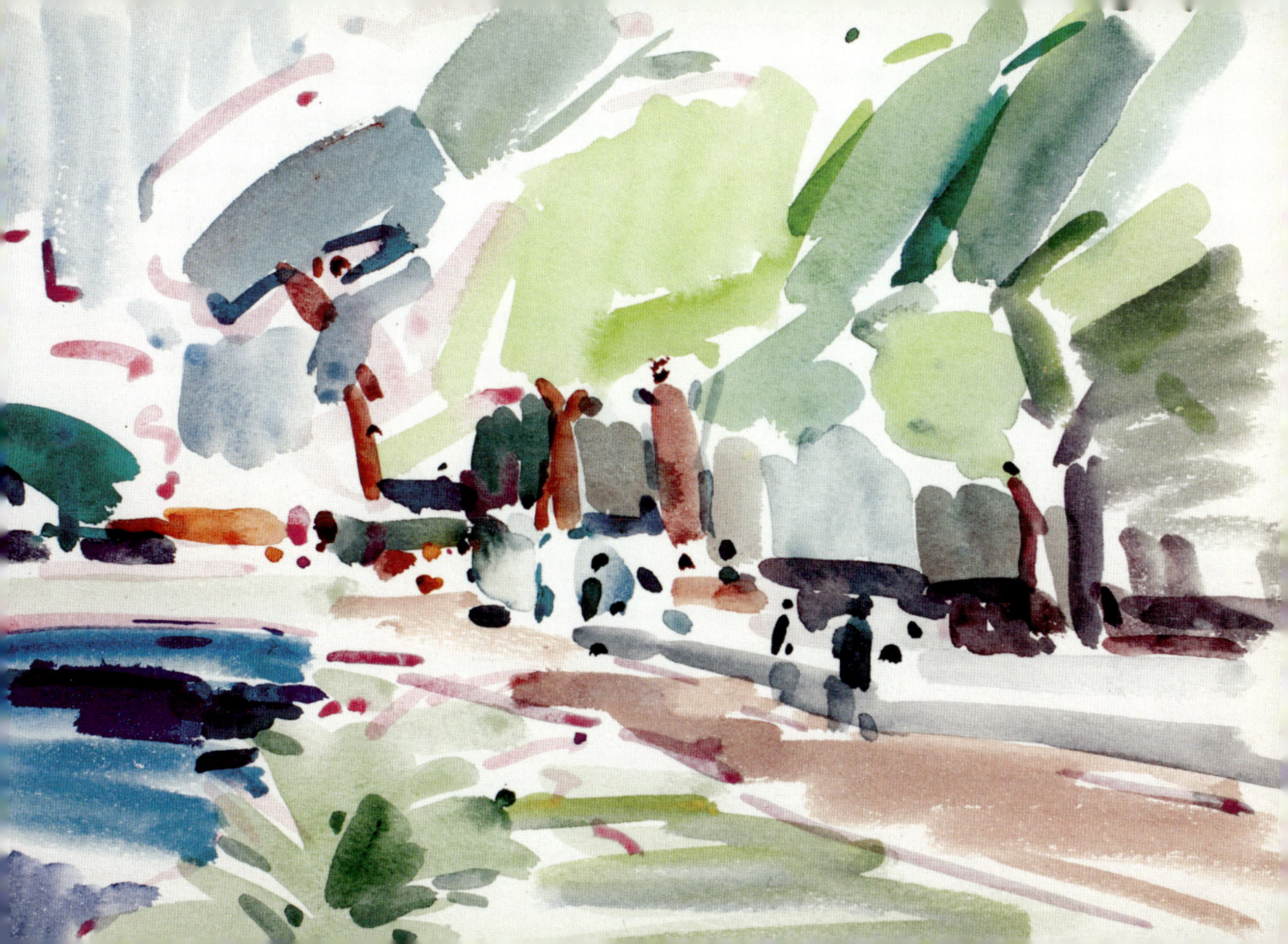

¿Y ahora qué?

Piensa qué vas a hacer con las pinturas e ilustraciones que has hecho. Dependiendo de los materiales que hayas empleado para pintarlas, se abren ante ti diversas opciones. Puede que hayas experimentado con diferentes pinturas al agua en un cuaderno o que tengas una serie de pinturas en hojas sueltas. Puede que quieras guardarlas a buen recaudo como experimentos privados o como investigaciones artísticas para usarlas de referencia en el futuro. O puede que quieras exhibirlas para que las vean los demás. No tomes decisiones a la ligera: no importa que te hayas dedicado a jugar con los materiales o que hayas pretendido crear una ambiciosa obra de arte; todo tiene su valor. No tires nada. Cuando tus imágenes estén secas, guárdalas durante un tiempo y prueba a seguir alguno de los consejos que vienen a continuación.

Estudia la obra de otros artistas

Nunca infravalores la importancia de estudiar los trabajos de otros artistas. Visitar reputados museos de arte nacional o galerías de tu zona te permitirá ver las obras tal como son; por ejemplo, su tamaño, sus colores reales, sus cualidades superficiales, los trazos de pincel, su colocación y su iluminación, la manera de enmarcarlas, etcétera. Podrás aprovechar ideas y, lo que quizás sea más importante, entablar diálogo con otros artistas. Todos los museos cuentan con buenas páginas web, muchas de las cuales dedican apartados específicos a la acuarela.

Exposiciones de acuarela

Museum of Modern Art (MoMA)
moma.org/search/collection?query=watercolor

National Gallery of Australia
nga.gov.au/Google/SiteSearch.cfm?q=watercolours

Tate Britain
tate.org.uk/whats-on/tate-britain/exhibition/watercolor

Victoria and Albert Museum
vam.ac.uk/page/w/watercolors

También puedes recopilar y gestionar tu colección propia en internet. Aquí está la mía:
pinterest.com/drawdrawdraw/watercolour-water-basedmedia/

Grupos de artistas

Una opción es unirte a grupos de artistas donde mostrar y compartir tus obras y hablar de tu trabajo. Esto puedes hacerlo sumándote a algún grupo de artistas que se reúnan para salir a pintar, por ejemplo, o uniéndote a algún grupo de los que hay en internet. No te conformes con el primero que encuentres; todas las comunidades online tienen sus peculiares maneras de entender lo visual y lo verbal. Escoge aquella en la que te encuentres más cómodo.

Flickr
flickr.com/groups/urbansketches/pool/tags/watercolor

The Sketchbook Project
instagram.com/thesketchbookproject

Urban Sketchers
urbansketchers.org

Sociedades de acuarelistas

Trata siempre de buscar trabajos de acuarela que sean de buena calidad. Las sociedades de acuarelistas son un buen punto de partida.

American Watercolor Society
facebook.com/AmericanWatercolor

Royal Watercolor Society
royalwatercolorsociety.co.uk/members.aspx

Exponer y vender

Puede que tengas la suficiente confianza para empezar a exponer tus trabajos; en este caso, internet es un buen sitio para hacerlo. También puedes plantearte presentar tus obras a concursos.

Behance
behance.net/search?field=48&tools=8917

Etsy
etsy.com/market/watercolor

Saatchi Online
saatchiart.com/buy-art/for-sale?query=watercolor

Colaboradores

Ana Montiel: 70
anamontiel.com

Anne Smith: 193, 197
annesmith.net

Arthur Kvarnstrom: 72, 201
arthurkvarnstrom.com

Becca Stadtlander: 92, 104, 108, 114
beccastadtlander.com

Betsy Walton: 180, 184
morningcraft.com

Blanca Gómez: 124
cosasminimas.com

Cate Edwards: 44
flickr.com/cate_edwards

Cathy McMurray: 110
cathymcmurray.com

Charlene Liu: 50
charlene-liu.com

Dadu Shin: 134
dadushin.com

Daniela Henríquez Fernández: 52
flickr.com/danielahenriquez

David Hornung: 88, 122
davidhornung.com

Ekaterina Koroleva: 130
ekaterina-koroleva.de

Eleni Kalorkoti: 54, 98
elenikalorkoti.com

Eleonora Marton: 14
eleonoramarton.com

Elissa Nesheim: 174, 186
elissasue.com

Elizabeth Baddeley: 48
ebaddeley.com

Elizabeth O'Reilly: 34
elizabethoreilly.com

Emily Watkins: 66
emily-watkins.co.uk

Functional Fox (Matt La'Mont): 132
thefunctionalfox.com

Gabby Malpas: 74
gabbymalpas.com

Georgina Paraschiv: 136
gpdsn.com

Hatsuki Miyahara: 164
hacco.hacca.jp

Helen Dealtry: 128
wokinggirldesigns.com

Helen Hallows: 140
helenhallows.com

Holly Exley: 26, 46
hollyexley.com

Itsuko Suzuki: 5, 156
itsukosuzuki.com

Jeannie Phan: 120
jeanniephan.com

Jennifer Davis: 172, 178
jenniferdavisart.com

Joanna Goss: 60
joannagoss.com

Julie Van Wezemael:152
julievanwezemael.blogspot.co.uk

Junyi Wu: 12, 160
junyiwu.com

Kamilla Talbot: 68
kamillatalbot.com

Karen Barbour: 182
karnbarbour.com

Kasia Breska: 154
pencilboxgirl.blogspot.com

Kate Pugsley: 94
katepugsley.com

Kaye Blegvad: 16
kayeblegvad.com

Kelly Puissegur: 176, 188
retrowhale.com

Koen Lybaert: 106
u-cover.com/paintings

Kotryna Zukauskaite, 138
kata-illustration.com

Leah Goren: 18
leahgoren.com

Liam Howard: 76
liam-howard.blogspot.co.uk

Lieke van der Vorst: 168
liekeland.nl

Loui Jover: 20, 28
louijover.tumblr.com

Lourdes Sanchez: 62
lulisanchez.com

Luka Va: 22
luk.lt
surfingsloth.com.au

Madara Lukjanovica: 24
etsy.com/shop/madareli

Marcus Oakley: 142, 150
marcusoakley.com

Marina Molares: 30
marinamolares.com

Misato Suzuki: 78
alittlepainter.com

Monica Ramos: 32
monramos.com

Nadja Gabriela Plein: 36
nadjagabrielaplein.co.uk

Natasha Newton: 116
natasha-newton.co.uk

Nicholas Stevenson: 100, 118
nicholasstevenson.com

Nikki Painter: 166
nikkipainter.com

Nuria Mora: 90
nuriamora.com

Patrick Boehner: 126
patrickboehner.com

Paul Bailey: 162
paulbaileyart.co.uk

Peggy Wolf: 96
peggywolf.com

Sandra Dieckmann / Jamie Mills: 144
sandradieckmann.com
sandradieckmann.blogspot.com

Sandrine Pelissier: 158
watercolorpainting.ca

Sarah Burwash: 80
sarahburwash.com

Sasha Prood: 82
sashaprood.com

Simona Dimitri: 38, 64, 84
illusimi.com

Sophie Lécuyer: 40
sophielecuyer.blogspot.com

Stina Persson: 86
stinapersson.com
cwc-i.com

Talya Baldwin: 42
talyabaldwin.com

Tracie Huskamp: 146
TheRedDoor-Studio.com

Valeria Kondor: 148
flickr.com/people/13901617@N06

Valerio Vidali: 190
vivavidali.blogspot.co.uk/

Vikki Chu: 102, 112
vikkichu.com

Wil Freeborn: 56
wilfreeborn.co.uk

Yellena James: 10, 58
yellena.com

Yoshinori Funayama: 170
mozneko.boo.jp

Índice alfabético

Agradecimientos

Quiero mostrar mi enorme agradecimiento a todos aquellos que me han permitido incluir sus trabajos en este libro.

— A los muchos artistas y recopiladores anónimos de internet, por mostrar y compartir sus blogs sobre arte, que son un tesoro visual y de valiosa información.

— A todos los del mundillo editorial, por ayudarme a convertir en real lo que era virtual.

— A mi madre, Joyce (Cooper) Birch, que dibujaba y pintaba maravillosamente; gracias por todo, incluidas mis primeras acuarelas.

Este libro está dedicado a mi padre (Philip) John Birch, porque una vez pintó una casa de color verde lima y porque me gustaba su corbata amarillo mostaza.

Título original *Just Add Watercolour. Inspiration & Painting Techniques fom Contemporary Artists.* Publicado originalmente por RotoVision, 2015
Diseño de maqueta: Michelle Rowlandson y Richard Peters

Traducción de Darío Giménez
Diseño de la cubierta: Toni Cabré / Editorial Gustavo Gili, SL

1ª edición, 4ª tirada, 2018

Printed in China
ISBN: 978-84-252-2797-4
Depósito legal: B. 3857-2018

Editorial Gustavo Gili, SL
Via Laietana 47, 2°, 08003 Barcelona, España. Tel. (+34) 93 322 81 61
Valle de Bravo 21, 53050 Naucalpan, México. Tel. (+52) 55 55 60 60 11